기본 연산
Check-Book

초등1

받아올림, 받아내림 없는 두 자리 수의 계산

NE 능률

❶ $35+4=$ ⬚ ❷ $53+6=$ ⬚ ❸ $24+3=$ ⬚

❹ $63+2=$ ⬚ ❺ $24+5=$ ⬚ ❻ $73+4=$ ⬚

❼ $84+4=$ ⬚ ❽ $72+5=$ ⬚ ❾ $40+9=$ ⬚

❿ $28+1=$ ⬚ ⓫ $11+8=$ ⬚ ⓬ $83+4=$ ⬚

⓭ $15+3=$ ⬚ ⓮ $45+4=$ ⬚ ⓯ $62+4=$ ⬚

⓰ $33+6=$ ⬚ ⓱ $85+3=$ ⬚ ⓲ $12+7=$ ⬚

⓳
$$\begin{array}{r} 5\ 2 \\ +\ \ 3 \\ \hline \end{array}$$

⓴
$$\begin{array}{r} 8\ 3 \\ +\ \ 5 \\ \hline \end{array}$$

㉑
$$\begin{array}{r} 3\ 4 \\ +\ \ 4 \\ \hline \end{array}$$

㉒
$$\begin{array}{r} 6\ 2 \\ +\ \ 6 \\ \hline \end{array}$$

㉓
$$\begin{array}{r} 7\ 0 \\ +\ \ 8 \\ \hline \end{array}$$

㉔
$$\begin{array}{r} 1\ 4 \\ +\ \ 2 \\ \hline \end{array}$$

㉕
$$\begin{array}{r} 4\ 3 \\ +\ \ 5 \\ \hline \end{array}$$

㉖
$$\begin{array}{r} 8\ 7 \\ +\ \ 2 \\ \hline \end{array}$$

자르는 선

㉗ 64+2= ☐   ㉘ 23+3= ☐   ㉙ 44+5= ☐

㉚ 54+4= ☐   ㉛ 32+5= ☐   ㉜ 86+3= ☐

㉝ 81+1= ☐   ㉞ 54+2= ☐   ㉟ 62+6= ☐

㊱ 11+8= ☐   ㊲ 71+7= ☐   ㊳ 23+5= ☐

㊴ 23+6= ☐   ㊵ 34+3= ☐   ㊶ 52+7= ☐

㊷ 12+6= ☐   ㊸ 78+1= ☐   ㊹ 81+4= ☐

㊺
```
  1 2
+   6
──────
```

㊻
```
  6 2
+   7
──────
```

㊼
```
  4 1
+   6
──────
```

㊽
```
  3 6
+   3
──────
```

㊾
```
  5 2
+   5
──────
```

㊿
```
  3 2
+   4
──────
```

51
```
  7 6
+   2
──────
```

52
```
  4 8
+   1
──────
```

자르는 선

문해결 덧셈 (1)

❶ $82+\boxed{}=89$ ❷ $72+\boxed{}=78$ ❸ $22+\boxed{}=25$

❹ $54+\boxed{}=59$ ❺ $40+\boxed{}=44$ ❻ $31+\boxed{}=33$

❼ $26+\boxed{}=29$ ❽ $75+\boxed{}=76$ ❾ $14+\boxed{}=18$

❿ $60+\boxed{}=69$ ⓫ $62+\boxed{}=67$ ⓬ $81+\boxed{}=87$

⓭ $81+\boxed{}=88$ ⓮ $31+\boxed{}=39$ ⓯ $55+\boxed{}=58$

⓰ $45+\boxed{}=47$ ⓱ $22+\boxed{}=26$ ⓲ $65+\boxed{}=69$

⓳
$$\begin{array}{r} 1\;2 \\ +\;\boxed{} \\ \hline 1\;4 \end{array}$$

⓴
$$\begin{array}{r} 7\;0 \\ +\;\boxed{} \\ \hline 7\;9 \end{array}$$

㉑
$$\begin{array}{r} 2\;1 \\ +\;\boxed{} \\ \hline 2\;6 \end{array}$$

㉒
$$\begin{array}{r} 5\;4 \\ +\;\boxed{} \\ \hline 5\;8 \end{array}$$

㉓
$$\begin{array}{r} 3\;2 \\ +\;\boxed{} \\ \hline 3\;9 \end{array}$$

㉔
$$\begin{array}{r} 1\;2 \\ +\;\boxed{} \\ \hline 1\;9 \end{array}$$

㉕
$$\begin{array}{r} 2\;4 \\ +\;\boxed{} \\ \hline 2\;8 \end{array}$$

㉖
$$\begin{array}{r} 8\;5 \\ +\;\boxed{} \\ \hline 8\;8 \end{array}$$

㉗ 13+☐=18   ㉘ 46+☐=49   ㉙ 84+☐=86

㉚ 62+☐=68   ㉛ 77+☐=78   ㉜ 44+☐=48

㉝ 46+☐=48   ㉞ 31+☐=38   ㉟ 70+☐=78

㊱ 37+☐=38   ㊲ 40+☐=49   ㊳ 25+☐=28

㊴ 51+☐=55   ㊵ 23+☐=25   ㊶ 81+☐=87

㊷ 32+☐=35   ㊸ 62+☐=67   ㊹ 41+☐=48

㊺
```
  6 4
+   ☐
─────
  6 7
```

㊻
```
  3 1
+   ☐
─────
  3 6
```

㊼
```
  6 2
+   ☐
─────
  6 8
```

㊽
```
  3 5
+   ☐
─────
  3 7
```

㊾
```
  8 1
+   ☐
─────
  8 9
```

㊿
```
  5 0
+   ☐
─────
  5 9
```

�51
```
  7 2
+   ☐
─────
  7 9
```

�52
```
  1 5
+   ☐
─────
  1 9
```

자르는 선

3주 두 자리 수의 덧셈

①
$$\begin{array}{r} 2\ 4 \\ +\ 6\ 4 \\ \hline \end{array}$$

②
$$\begin{array}{r} 3\ 8 \\ +\ 1\ 1 \\ \hline \end{array}$$

③
$$\begin{array}{r} 4\ 5 \\ +\ 3\ 2 \\ \hline \end{array}$$

④
$$\begin{array}{r} 5\ 6 \\ +\ 2\ 3 \\ \hline \end{array}$$

⑤
$$\begin{array}{r} 3\ 8 \\ +\ 4\ 1 \\ \hline \end{array}$$

⑥
$$\begin{array}{r} 1\ 2 \\ +\ 7\ 5 \\ \hline \end{array}$$

⑦
$$\begin{array}{r} 2\ 3 \\ +\ 1\ 3 \\ \hline \end{array}$$

⑧
$$\begin{array}{r} 2\ 7 \\ +\ 3\ 1 \\ \hline \end{array}$$

⑨
$$\begin{array}{r} 4\ 1 \\ +\ 5\ 4 \\ \hline \end{array}$$

⑩
$$\begin{array}{r} 5\ 3 \\ +\ 2\ 3 \\ \hline \end{array}$$

⑪
$$\begin{array}{r} 1\ 6 \\ +\ 5\ 2 \\ \hline \end{array}$$

⑫
$$\begin{array}{r} 3\ 2 \\ +\ 1\ 2 \\ \hline \end{array}$$

⑬
$$\begin{array}{r} 4\ 6 \\ +\ 3\ 1 \\ \hline \end{array}$$

⑭
$$\begin{array}{r} 7\ 5 \\ +\ 1\ 2 \\ \hline \end{array}$$

⑮
$$\begin{array}{r} 3\ 4 \\ +\ 3\ 2 \\ \hline \end{array}$$

⑯
$$\begin{array}{r} 2\ 3 \\ +\ 2\ 2 \\ \hline \end{array}$$

⑰
$$\begin{array}{r} 5\ 2 \\ +\ 2\ 4 \\ \hline \end{array}$$

⑱
$$\begin{array}{r} 1\ 3 \\ +\ 1\ 2 \\ \hline \end{array}$$

⑲
$$\begin{array}{r} 2\ 1 \\ +\ 6\ 6 \\ \hline \end{array}$$

⑳
$$\begin{array}{r} 3\ 5 \\ +\ 3\ 4 \\ \hline \end{array}$$

자르는 선

㉑
```
  4 2
+ 3 7
```

㉒
```
  5 1
+ 1 1
```

㉓
```
  3 5
+ 2 2
```

㉔
```
  2 3
+ 6 2
```

㉕
```
  4 6
+ 1 3
```

㉖
```
  8 5
+ 1 4
```

㉗
```
  2 6
+ 7 2
```

㉘
```
  3 5
+ 3 1
```

㉙
```
  2 5
+ 2 1
```

㉚
```
  3 3
+ 4 3
```

㉛
```
  4 2
+ 2 4
```

㉜
```
  5 4
+ 2 3
```

�33
```
  3 4
+ 2 4
```

�34
```
  5 5
+ 1 2
```

�35
```
  2 5
+ 3 3
```

�36
```
  1 9
+ 4 0
```

�37
```
  5 4
+ 3 2
```

�38
```
  6 4
+ 2 3
```

�39
```
  1 8
+ 7 1
```

�40
```
  3 1
+ 1 5
```

자르는 선

❶
```
   □ 2
+  3 □
   7 7
```

❷
```
   □ 7
+  4 □
   8 9
```

❸
```
   □ 4
+  3 □
   6 6
```

❹
```
   □ 5
+  5 □
   7 8
```

❺
```
   5 □
+  □ 1
   7 6
```

❻
```
   2 □
+  □ 4
   6 7
```

❼
```
   1 □
+  □ 7
   6 8
```

❽
```
   4 □
+  □ 1
   6 9
```

❾
```
   □ 4
+  5 2
   9 □
```

❿
```
   □ 7
+  2 1
   4 □
```

⓫
```
   □ 4
+  6 3
   9 □
```

⓬
```
   □ 2
+  4 4
   9 □
```

⓭
```
   1 □
+  1 3
   □ 5
```

⓮
```
   2 □
+  5 2
   □ 3
```

⓯
```
   4 □
+  3 1
   □ 6
```

⓰
```
   5 □
+  3 7
   □ 9
```

⓱
```
   2 3
+  1 □
   □ 5
```

⓲
```
   6 8
+  2 □
   □ 9
```

⓳
```
   3 5
+  □ 3
   8 □
```

⓴
```
   6 2
+  □ 6
   9 □
```

자르는 선

4주 문해결 덧셈 (2)

㉑
```
   6 □
 +   □ 1
 ─────
   8 8
```

㉒
```
   4 □
 +   □ 4
 ─────
   9 7
```

㉓
```
   3 □
 +   □ 7
 ─────
   6 9
```

㉔
```
   2 □
 +   □ 1
 ─────
   3 9
```

㉕
```
   □ 4
 + 2 □
 ─────
   6 9
```

㉖
```
   □ 5
 + 7 □
 ─────
   9 8
```

㉗
```
   □ 2
 + 2 □
 ─────
   5 9
```

㉘
```
   □ 1
 + 5 □
 ─────
   9 2
```

㉙
```
   6 □
 + □ 5
 ─────
   7 7
```

㉚
```
   3 □
 + □ 8
 ─────
   8 9
```

㉛
```
   2 □
 + □ 6
 ─────
   3 8
```

㉜
```
   6 □
 + □ 5
 ─────
   8 6
```

㉝
```
   □ 7
 + 5 □
 ─────
   6 9
```

㉞
```
   □ 3
 + 5 □
 ─────
   7 6
```

㉟
```
   □ 7
 + 8 □
 ─────
   9 9
```

㊱
```
   □ 4
 + 5 □
 ─────
   9 5
```

㊲
```
   3 6
 + □ 3
 ─────
   5 □
```

㊳
```
   6 7
 + 2 □
 ─────
   □ 8
```

�39
```
   □ □
 + 4 3
 ─────
   9 7
```

�40
```
   8 1
 + □ □
 ─────
   9 5
```

8

5주 (두 자리 수)-(한 자리 수)

① 77-2= ☐   ② 47-4= ☐   ③ 66-5= ☐

④ 38-6= ☐   ⑤ 25-3= ☐   ⑥ 53-1= ☐

⑦ 28-8= ☐   ⑧ 69-7= ☐   ⑨ 49-9= ☐

⑩ 87-6= ☐   ⑪ 39-5= ☐   ⑫ 98-7= ☐

⑬ 55-4= ☐   ⑭ 89-8= ☐   ⑮ 28-6= ☐

⑯ 35-4= ☐   ⑰ 42-2= ☐   ⑱ 76-1= ☐

⑲
```
  9 9
-   5
```

⑳
```
  5 4
-   3
```

㉑
```
  8 8
-   6
```

㉒
```
  3 9
-   4
```

㉓
```
  6 9
-   8
```

㉔
```
  5 8
-   2
```

㉕
```
  9 9
-   9
```

㉖
```
  7 3
-   2
```

자르는 선

㉗ $85-3=$ ☐   ㉘ $99-9=$ ☐   ㉙ $57-3=$ ☐

㉚ $49-7=$ ☐   ㉛ $38-6=$ ☐   ㉜ $88-1=$ ☐

㉝ $24-4=$ ☐   ㉞ $44-2=$ ☐   ㉟ $75-3=$ ☐

㊱ $97-2=$ ☐   ㊲ $27-3=$ ☐   ㊳ $48-7=$ ☐

㊴ $66-5=$ ☐   ㊵ $87-2=$ ☐   ㊶ $76-2=$ ☐

㊷ $38-4=$ ☐   ㊸ $49-7=$ ☐   ㊹ $98-5=$ ☐

㊺
$$\begin{array}{r} 9\ 6 \\ -\quad 3 \\ \hline \end{array}$$

㊻
$$\begin{array}{r} 5\ 8 \\ -\quad 7 \\ \hline \end{array}$$

㊼
$$\begin{array}{r} 7\ 4 \\ -\quad 1 \\ \hline \end{array}$$

㊽
$$\begin{array}{r} 8\ 3 \\ -\quad 2 \\ \hline \end{array}$$

㊾
$$\begin{array}{r} 4\ 4 \\ -\quad 4 \\ \hline \end{array}$$

㊿
$$\begin{array}{r} 6\ 8 \\ -\quad 5 \\ \hline \end{array}$$

51
$$\begin{array}{r} 9\ 3 \\ -\quad 3 \\ \hline \end{array}$$

52
$$\begin{array}{r} 3\ 8 \\ -\quad 6 \\ \hline \end{array}$$

자르는 선

6주 두 자리 수의 뺄셈

❶
```
  8 7
- 4 4
─────
□ □
```

❷
```
  6 9
- 4 3
─────
□ □
```

❸
```
  8 7
- 5 6
─────
□ □
```

❹
```
  8 8
- 3 2
─────
□ □
```

❺
```
  4 9
- 1 6
─────
□ □
```

❻
```
  7 6
- 1 5
─────
□ □
```

❼
```
  7 8
- 3 4
─────
□ □
```

❽
```
  5 9
- 2 8
─────
□ □
```

❾
```
  8 8
- 5 6
─────
□ □
```

❿
```
  9 8
- 6 2
─────
□ □
```

⓫
```
  8 7
- 4 5
─────
□ □
```

⓬
```
  5 9
- 2 0
─────
□ □
```

⓭
```
  4 9
- 2 2
─────
□ □
```

⓮
```
  6 7
- 2 4
─────
□ □
```

⓯
```
  3 9
- 1 8
─────
□ □
```

⓰
```
  5 6
- 2 5
─────
□ □
```

⓱
```
  5 6
- 1 5
─────
□ □
```

⓲
```
  8 2
- 6 2
─────
□ □
```

⓳
```
  7 9
- 3 7
─────
□ □
```

⓴
```
  6 8
- 1 5
─────
□ □
```

자르는 선

㉑
```
   3 5
 - 1 3
 ──────
```

㉒
```
   4 4
 - 2 2
 ──────
```

㉓
```
   5 9
 - 1 5
 ──────
```

㉔
```
   6 8
 - 4 4
 ──────
```

㉕
```
   7 5
 - 3 1
 ──────
```

㉖
```
   4 7
 - 2 4
 ──────
```

㉗
```
   3 9
 - 1 1
 ──────
```

㉘
```
   5 7
 - 3 2
 ──────
```

㉙
```
   8 6
 - 4 3
 ──────
```

㉚
```
   9 6
 - 1 2
 ──────
```

㉛
```
   7 8
 - 4 5
 ──────
```

㉜
```
   6 9
 - 3 3
 ──────
```

㉝
```
   7 8
 - 5 3
 ──────
```

㉞
```
   8 2
 - 5 1
 ──────
```

㉟
```
   9 7
 - 2 4
 ──────
```

㊱
```
   5 9
 - 3 3
 ──────
```

㊲
```
   3 8
 - 1 0
 ──────
```

㊳
```
   4 7
 - 1 3
 ──────
```

㊴
```
   7 5
 - 5 2
 ──────
```

㊵
```
   8 9
 - 2 8
 ──────
```

자르는 선

❶
```
    □ 2
 −  2 □
 ───────
    6 1
```

❷
```
    □ 9
 −  3 □
 ───────
    1 8
```

❸
```
    □ 4
 −  4 □
 ───────
    4 1
```

❹
```
    □ 2
 −  1 □
 ───────
    4 1
```

❺
```
    7 □
 −  □ 3
 ───────
    1 5
```

❻
```
    6 □
 −  □ 2
 ───────
    2 4
```

❼
```
    6 □
 −  □ 2
 ───────
    1 7
```

❽
```
    9 □
 −  □ 4
 ───────
    2 0
```

❾
```
    □ 5
 −  4 □
 ───────
    4 1
```

❿
```
    □ 5
 −  4 □
 ───────
    3 3
```

⓫
```
    □ 9
 −  2 □
 ───────
    6 8
```

⓬
```
    □ 9
 −  5 □
 ───────
    2 2
```

⓭
```
    4 □
 −  □ 6
 ───────
    1 3
```

⓮
```
    6 □
 −  □ 4
 ───────
    2 3
```

⓯
```
    8 □
 −  □ 7
 ───────
    3 1
```

⓰
```
    7 □
 −  □ 2
 ───────
    3 3
```

⓱
```
    □ 5
 −  1 □
 ───────
    5 1
```

⓲
```
    9 □
 −  □ 2
 ───────
    4 6
```

⓳
```
    3 □
 −  □ 5
 ───────
    1 3
```

⓴
```
    □ 5
 −  1 □
 ───────
    2 3
```

자르는 선

월   일

㉑
```
     □ 3
  −  6 □
  ─────
     1 1
```

㉒
```
     □ 7
  −  3 □
  ─────
     1 5
```

㉓
```
     □ 8
  −  3 □
  ─────
     3 7
```

㉔
```
     □ 2
  −  2 □
  ─────
     6 1
```

㉕
```
     6 □
  −  □ 7
  ─────
     3 2
```

㉖
```
     9 □
  −  □ 2
  ─────
     1 3
```

㉗
```
     5 □
  −  □ 1
  ─────
     2 7
```

㉘
```
     9 □
  −  □ 8
  ─────
     3 1
```

㉙
```
     □ 7
  −  6 5
  ─────
     1 □
```

㉚
```
     □ 9
  −  4 8
  ─────
     3 □
```

㉛
```
     □ 6
  −  2 2
  ─────
     3 □
```

㉜
```
     □ 8
  −  3 6
  ─────
     3 □
```

㉝
```
     4 □
  −  2 6
  ─────
     □ 2
```

㉞
```
     5 □
  −  1 7
  ─────
     □ 1
```

㉟
```
     8 □
  −  2 9
  ─────
     □ 0
```

㊱
```
     9 □
  −  5 4
  ─────
     □ 3
```

㊲
```
     5 9
  −  □ 6
  ─────
     3 □
```

㊳
```
     9 8
  −  □ 7
  ─────
     2 □
```

㊴
```
     8 5
  −  3 □
  ─────
     □ 1
```

㊵
```
     6 2
  −  4 □
  ─────
     □ 0
```

자르는 선

①
$37 + 21 = \boxed{58}$
$21 + 37 = \boxed{58}$
$58 - 21 = \boxed{37}$
$58 - 37 = \boxed{21}$

②
$73 + 11 = \boxed{}$
$11 + 73 = \boxed{}$
$84 - 11 = \boxed{}$
$84 - 73 = \boxed{}$

③
$44 + 30 = \boxed{}$
$30 + 44 = \boxed{}$
$74 - 30 = \boxed{}$
$74 - 44 = \boxed{}$

④
$25 + 24 = \boxed{}$
$24 + 25 = \boxed{}$
$49 - 24 = \boxed{}$
$49 - 25 = \boxed{}$

⑤
$56 + 13 = \boxed{}$
$13 + 56 = \boxed{}$
$69 - 13 = \boxed{}$
$69 - 56 = \boxed{}$

⑥
$21 + 16 = \boxed{}$
$16 + 21 = \boxed{}$
$37 - 16 = \boxed{}$
$37 - 21 = \boxed{}$

❼
$$49 + \boxed{} = 69$$
$$20 + \boxed{} = 69$$
$$69 - \boxed{} = 49$$
$$69 - \boxed{} = 20$$

❽
$$22 + \boxed{} = 94$$
$$72 + \boxed{} = 94$$
$$94 - \boxed{} = 72$$
$$94 - \boxed{} = 22$$

❾
$$53 + \boxed{} = 68$$
$$15 + \boxed{} = 68$$
$$68 - \boxed{} = 53$$
$$68 - \boxed{} = 15$$

❿
$$50 + \boxed{} = 87$$
$$37 + \boxed{} = 87$$
$$87 - \boxed{} = 50$$
$$87 - \boxed{} = 37$$

⓫
$$66 + \boxed{} = 88$$
$$22 + \boxed{} = 88$$
$$88 - \boxed{} = 66$$
$$88 - \boxed{} = 22$$

⓬
$$31 + \boxed{} = 59$$
$$28 + \boxed{} = 59$$
$$59 - \boxed{} = 31$$
$$59 - \boxed{} = 28$$

자르는 선

정 답

1주 (두 자리 수)+(한 자리 수) 1~2쪽

❶ 39 ❷ 59 ❸ 27 ❹ 65 ❺ 29 ❻ 77 ❼ 88 ❽ 77 ❾ 49 ❿ 29 ⓫ 19 ⓬ 87
⓭ 18 ⓮ 49 ⓯ 66 ⓰ 39 ⓱ 88 ⓲ 19 ⓳ 55 ⓴ 88 ㉑ 38 ㉒ 68 ㉓ 78 ㉔ 16
㉕ 48 ㉖ 89 ㉗ 66 ㉘ 26 ㉙ 49 ㉚ 58 ㉛ 37 ㉜ 89 ㉝ 82 ㉞ 56 ㉟ 68 ㊱ 19
㊲ 78 ㊳ 28 ㊴ 29 ㊵ 37 ㊶ 59 ㊷ 18 ㊸ 79 ㊹ 85 ㊺ 18 ㊻ 69 ㊼ 47 ㊽ 39
㊾ 57 ㊿ 36 �51 78 �52 49

2주 문해결 덧셈 (1) 3~4쪽

❶ 7 ❷ 6 ❸ 3 ❹ 5 ❺ 4 ❻ 2 ❼ 3 ❽ 1 ❾ 4 ❿ 9 ⓫ 5 ⓬ 6
⓭ 7 ⓮ 8 ⓯ 3 ⓰ 2 ⓱ 4 ⓲ 4 ⓳ 2 ⓴ 9 ㉑ 5 ㉒ 4 ㉓ 7 ㉔ 7
㉕ 4 ㉖ 3 ㉗ 5 ㉘ 3 ㉙ 2 ㉚ 6 ㉛ 1 ㉜ 4 ㉝ 2 ㉞ 7 ㉟ 8 ㊱ 1
㊲ 9 ㊳ 3 ㊴ 4 ㊵ 2 ㊶ 6 ㊷ 3 ㊸ 5 ㊹ 7 ㊺ 3 ㊻ 5 ㊼ 6 ㊽ 2
㊾ 8 ㊿ 9 �51 7 �52 4

3주 두 자리 수의 덧셈 5~6쪽

❶ 8,8 ❷ 4,9 ❸ 7,7 ❹ 7,9 ❺ 7,9 ❻ 8,7 ❼ 3,6 ❽ 5,8 ❾ 9,5 ❿ 7,6 ⓫ 6,8 ⓬ 4,4
⓭ 7,7 ⓮ 8,7 ⓯ 6,6 ⓰ 4,5 ⓱ 7,6 ⓲ 2,5 ⓳ 8,7 ⓴ 6,9 ㉑ 79 ㉒ 62 ㉓ 57 ㉔ 85
㉕ 59 ㉖ 99 ㉗ 98 ㉘ 66 ㉙ 46 ㉚ 76 ㉛ 66 ㉜ 77 ㉝ 58 ㉞ 67 ㉟ 58 ㊱ 59
㊲ 86 ㊳ 87 ㊴ 89 ㊵ 46

4주 문해결 덧셈 (2) 7~8쪽

❶ 4,5 ❷ 4,2 ❸ 3,2 ❹ 2,3 ❺ 5,2 ❻ 3,4 ❼ 1,5 ❽ 8,2 ❾ 4,6 ❿ 2,8 ⓫ 3,7 ⓬ 5,6
⓭ 2,2 ⓮ 1,7 ⓯ 5,7 ⓰ 2,8 ⓱ 2,3 ⓲ 1,8 ⓳ 5,8 ⓴ 3,8 ㉑ 7,2 ㉒ 3,5 ㉓ 2,3 ㉔ 8,1
㉕ 4,5 ㉖ 2,3 ㉗ 3,7 ㉘ 4,1 ㉙ 2,1 ㉚ 1,5 ㉛ 2,1 ㉜ 1,2 ㉝ 1,2 ㉞ 2,3 ㉟ 1,2 ㊱ 4,1
㊲ 2,9 ㊳ 1,8 ㊴ 5,4 ㊵ 1,4

5주 (두 자리 수)-(한 자리 수) 9~10쪽

❶ 75 ❷ 43 ❸ 61 ❹ 32 ❺ 22 ❻ 52 ❼ 20 ❽ 62 ❾ 40 ❿ 81 ⓫ 34 ⓬ 91
⓭ 51 ⓮ 81 ⓯ 22 ⓰ 31 ⓱ 40 ⓲ 75 ⓳ 94 ⓴ 51 ㉑ 82 ㉒ 35 ㉓ 61 ㉔ 56
㉕ 90 ㉖ 71 ㉗ 82 ㉘ 90 ㉙ 54 ㉚ 42 ㉛ 32 ㉜ 87 ㉝ 20 ㉞ 42 ㉟ 72 ㊱ 95
㊲ 24 ㊳ 41 ㊴ 61 ㊵ 85 ㊶ 74 ㊷ 34 ㊸ 42 ㊹ 93 ㊺ 93 ㊻ 51 ㊼ 73 ㊽ 81
㊾ 40 ㊿ 63 �51 90 �52 32

6주 두 자리 수의 뺄셈 11~12쪽

❶ 4,3 ❷ 2,6 ❸ 3,1 ❹ 5,6 ❺ 3,3 ❻ 6,1 ❼ 4,4 ❽ 3,1 ❾ 3,2 ❿ 3,6 ⓫ 4,2 ⓬ 3,9
⓭ 2,7 ⓮ 4,3 ⓯ 2,1 ⓰ 3,1 ⓱ 4,1 ⓲ 2,0 ⓳ 4,2 ⓴ 5,3 ㉑ 22 ㉒ 22 ㉓ 44 ㉔ 24
㉕ 44 ㉖ 23 ㉗ 28 ㉘ 25 ㉙ 43 ㉚ 84 ㉛ 33 ㉜ 36 ㉝ 25 ㉞ 31 ㉟ 73 ㊱ 26
㊲ 28 ㊳ 34 ㊴ 23 ㊵ 61

7주 문해결 뺄셈 13~14쪽

❶ 8,1 ❷ 4,1 ❸ 8,3 ❹ 5,1 ❺ 8,6 ❻ 6,4 ❼ 9,5 ❽ 4,7 ❾ 8,4 ❿ 7,2 ⓫ 8,1 ⓬ 7,7
⓭ 9,3 ⓮ 7,4 ⓯ 8,5 ⓰ 5,4 ⓱ 6,4 ⓲ 8,5 ⓳ 8,2 ⓴ 3,2 ㉑ 7,2 ㉒ 4,2 ㉓ 6,1 ㉔ 8,1
㉕ 9,3 ㉖ 5,8 ㉗ 8,3 ㉘ 9,6 ㉙ 7,2 ㉚ 7,1 ㉛ 5,4 ㉜ 6,2 ㉝ 8,2 ㉞ 8,4 ㉟ 9,6 ㊱ 7,4
㊲ 2,3 ㊳ 7,1 ㊴ 4,5 ㊵ 2,2

8주 두 자리 수의 덧셈과 뺄셈 15~16쪽

❶ 58, 58, 37, 21 ❷ 84, 84, 73, 11 ❸ 74, 74, 44, 30 ❹ 49, 49, 25, 24
❺ 69, 69, 56, 13 ❻ 37, 37, 21, 16 ❼ 20, 49, 20, 49 ❽ 72, 22, 22, 72
❾ 15, 53, 15, 53 ❿ 37, 50, 37, 50 ⓫ 22, 66, 22, 66 ⓬ 28, 31, 28, 31

사고셈

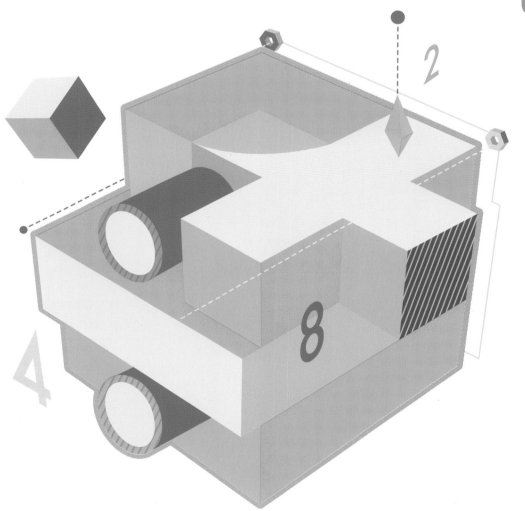

초등1 4호

이 책의 구성과 특징

생각의 힘을 키우는 사고(思考)셈은 1주 4개, 8주 32개의 사고력 유형 학습을 통해 수와 연산에 대한 개념의 응용력(추론 및 문제해결능력)을 키울 수 있도록 하였습니다.

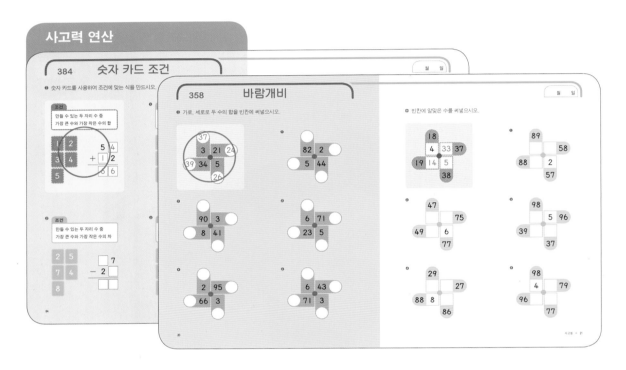

- ⊕ 대표 사고력 유형으로 연산 원리를 쉽게쉽게
- ⊕ 1~4일차: 다양한 유형의 주 진도 학습

⊕ 5일차 점검 학습: 주 진도 학습 확인

○ 권두부록 (기본연산 Check-Book)

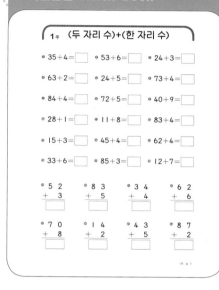
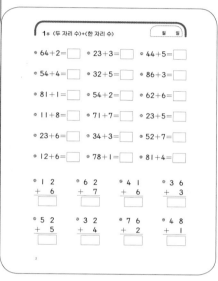

◈ 본 학습 전 기본연산 실력 진단

○ 권말부록 (G-Book)

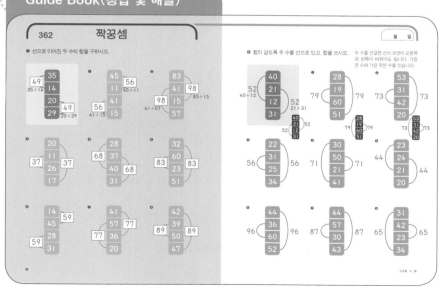

◈ 문제와 답을 한 눈에!
◈ 상세한 풀이와 친절한 해설, 답

학습 효과 및 활용법

········ ▲ 학습 효과

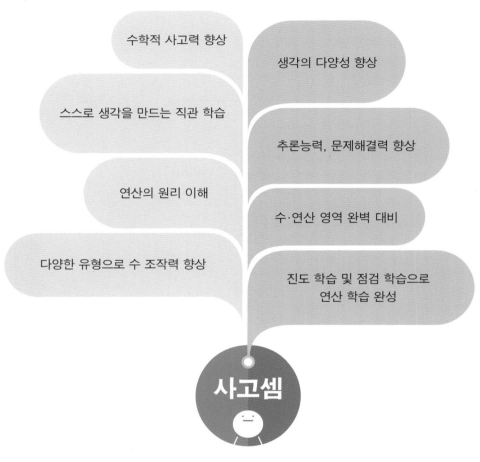

수학적 사고력 향상

생각의 다양성 향상

스스로 생각을 만드는 직관 학습

추론능력, 문제해결력 향상

연산의 원리 이해

수·연산 영역 완벽 대비

다양한 유형으로 수 조작력 향상

진도 학습 및 점검 학습으로 연산 학습 완성

사고셈

········ ▲ 주차별 활용법

1단계
기본연산
Check-Book으로
준비 학습

→

2단계
사고력 유형으로
진도 학습

→

3단계
마무리 문제로
점검 학습

1단계 : 기본연산 Check-Book으로 사고력 연산을 위한 준비 학습을 합니다.
2단계 : 사고력 유형으로 사고력 연산의 진도 학습을 합니다.
3단계 : 한 주마다 점검 학습(잘 공부했는지 알아봅시다)으로 사고력 향상을 확인합니다.

학습 구성

이 책의 학습 로드맵

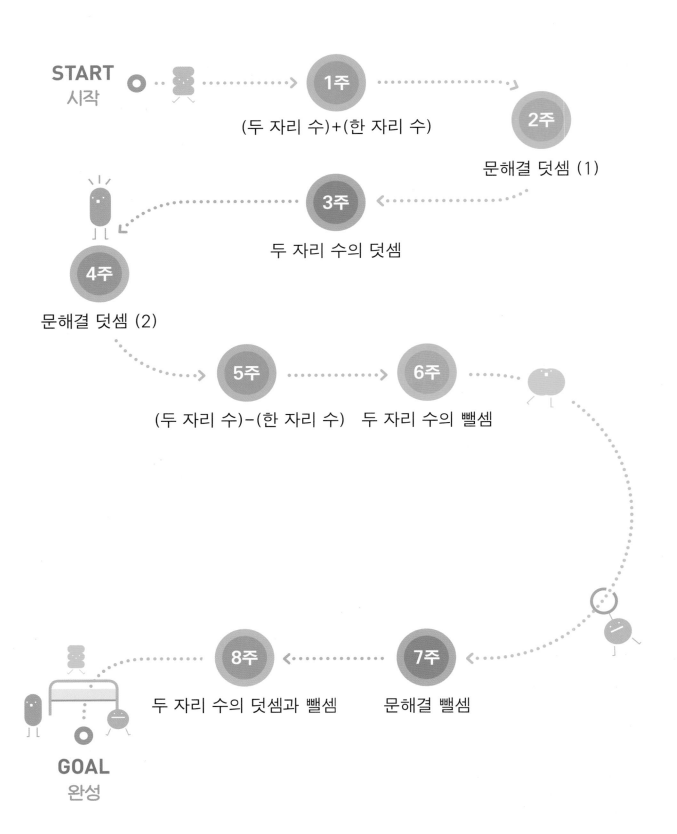

START
시작

1주
(두 자리 수)+(한 자리 수)

2주
문해결 덧셈 (1)

3주
두 자리 수의 덧셈

4주
문해결 덧셈 (2)

5주
(두 자리 수)−(한 자리 수)

6주
두 자리 수의 뺄셈

7주
문해결 뺄셈

8주
두 자리 수의 덧셈과 뺄셈

GOAL
완성

1 (두 자리 수) +(한 자리 수)

수 모형 덧셈

● 그림을 보고 □ 안에 알맞은 수를 써넣으시오.

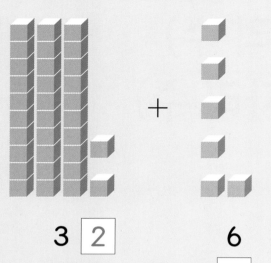

```
  3 2        6
+   6    + 3 2
  3 8      3 8
```

❶

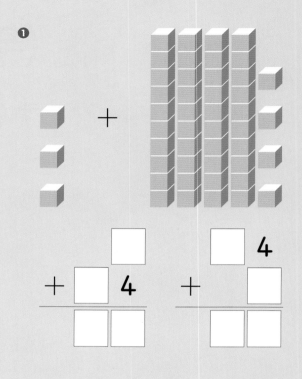

```
    □        □ 4
+ □ 4    + □
  □ □      □ □
```

❷

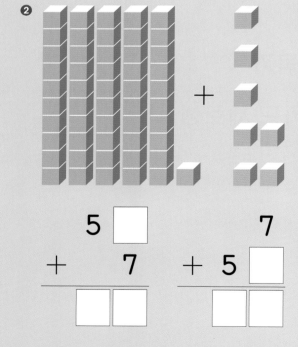

```
  5 □        7
+   7    + 5 □
  □ □      □ □
```

❸

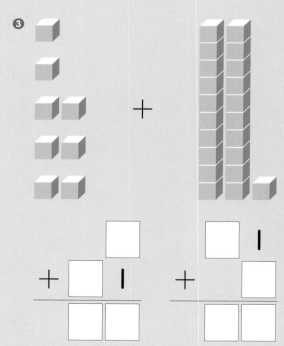

```
    □        □ 1
+ □ 1    + □
  □ □      □ □
```

◆ □ 안에 알맞은 수를 써넣으시오.

$$43 + 5 = \boxed{48}$$
$$5 + 43 = \boxed{48}$$

❶
$$77 + 2 = \boxed{}$$
$$2 + 77 = \boxed{}$$

❷
$$84 + 3 = \boxed{}$$
$$3 + 84 = \boxed{}$$

❸
$$31 + 7 = \boxed{}$$
$$7 + 31 = \boxed{}$$

❹
$$56 + 2 = \boxed{}$$
$$2 + 56 = \boxed{}$$

❺
$$64 + 1 = \boxed{}$$
$$1 + 64 = \boxed{}$$

❻
$$25 + 4 = \boxed{}$$
$$4 + 25 = \boxed{}$$

❼
$$93 + 3 = \boxed{}$$
$$3 + 93 = \boxed{}$$

❽
$$41 + 8 = \boxed{}$$
$$8 + 41 = \boxed{}$$

❾
$$72 + 5 = \boxed{}$$
$$5 + 72 = \boxed{}$$

갈림길

◑ 계산에 맞게 빈칸에 알맞은 수를 써넣으시오.

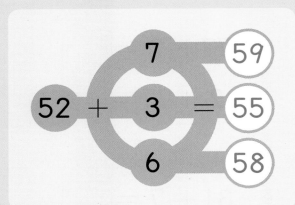

```
      7 ── 59
52 + 3 = 55
      6 ── 58
```

❶
```
      9 ── ◯
40 + 3 = ◯
      8 ── ◯
```

❷
```
      7 ── ◯
70 + 6 = ◯
      2 ── ◯
```

❸
```
      5 ── ◯
31 + 8 = ◯
      4 ── ◯
```

❹
```
      2 ── ◯
84 + 4 = ◯
      3 ── ◯
```

❺
```
      5 ── ◯
63 + 3 = ◯
      6 ── ◯
```

➕ 계산에 맞게 선을 그으시오.

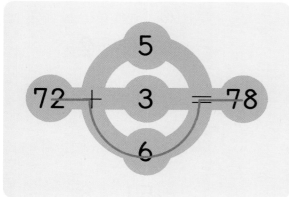

①

$$50 + \quad \begin{matrix} 3 \\ 9 \\ 5 \end{matrix} \quad = 55$$

②

$$23 + \quad \begin{matrix} 6 \\ 5 \\ 4 \end{matrix} \quad = 28$$

③

$$33 + \quad \begin{matrix} 5 \\ 3 \\ 6 \end{matrix} \quad = 39$$

④

$$36 + \quad \begin{matrix} 2 \\ 3 \\ 1 \end{matrix} \quad = 37$$

⑤

$$45 + \quad \begin{matrix} 4 \\ 2 \\ 6 \end{matrix} \quad = 47$$

⑥

$$91 + \quad \begin{matrix} 8 \\ 9 \\ 7 \end{matrix} \quad = 99$$

⑦

$$12 + \quad \begin{matrix} 7 \\ 2 \\ 6 \end{matrix} \quad = 14$$

두 수 묶기

◑ ● 안의 수가 합이 되는 두 수를 찾아 ▭ 또는 ▯ 를 그리시오.

34

31	3
4	32

❶ 76

70	2
6	73

❷ 28

21	6
5	23

❸ 59

51	8
7	50

❹ 97

94	5
2	92

❺ 83

80	2
3	82

❻ 36

31	5
4	30

❼ 45

42	4
5	41

❽ 89

86	2
4	85

❾ 77

74	3
5	71

⊕ ● 안의 수가 합이 되는 두 수를 찾아 ⬭ 또는 ▯를 그리시오.

78

5	71	6
74	4	73

❶ 66

62	5	60
3	61	7

❷ 99

94	4	95
2	92	3

❸ 47

45	2	46
1	43	3

❹ 39

8	30	6
31	5	32

❺ 84

80	1	82
2	81	3

❻ 54

5	50	3
52	6	51

❼ 73

71	4	70
1	72	2

❽ 66

5	61	3
60	7	62

❾ 25

24	3	23
1	20	4

숫자 카드 세로셈

● 주어진 숫자 카드를 모두 사용하여 덧셈식을 완성하시오.

```
  7 3
+   5
─────
  7 8
```

❶
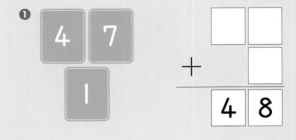

```
  □ □
+   □
─────
  4 8
```

❷
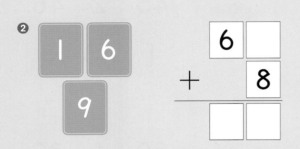

```
  6 □
+   8
─────
  □ □
```

❸ 7 8 3
```
  □ □
+   5
─────
  7 □
```

❹ 8 4 2
```
  8 □
+   □
─────
  □ 6
```

❺ 4 7 1
```
  □ 6
+   □
─────
  4 □
```

❻ 3 5 7
```
  □ 4
+   □
─────
  5 □
```

❼ 2 1 6
```
  6 □
+   □
─────
  □ 3
```

➕ 주어진 숫자 카드를 모두 사용하여 덧셈식을 만드시오.

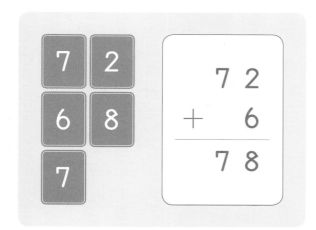

❶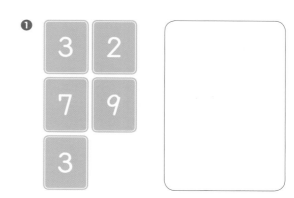

❷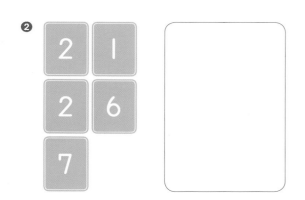

❸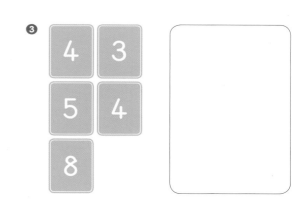

❹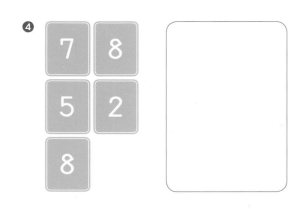

❺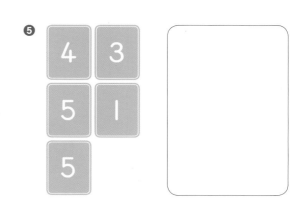

1 그림을 보고 ☐ 안에 알맞은 수를 써넣으시오.

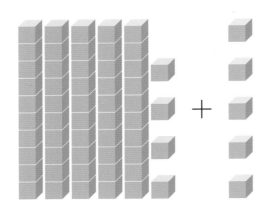

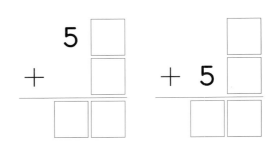

2 계산에 맞게 선을 그으시오.

❶

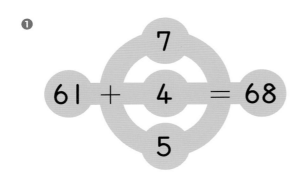

❷

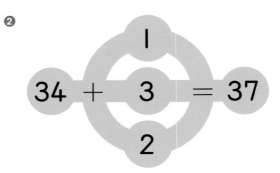

3 ● 안의 수가 합이 되는 두 수를 찾아 ☐ 또는 ☐를 그리시오.

73	4	72
2	75	3

78

문해결 덧셈 (1)

이층 덧셈

● 빈칸에 알맞은 수를 써넣으시오.

+2	31	74	27	46
	33	76	29	48

①

+3	44	25	80	34

②

+1	18	86	94	71

③

+4	32	45	63	23

④

+5	72	42	13	90

⑤

+2	45	30	27	15

⑥

+6	41	63	71	52

⑦

+7	32	31	40	72

⑧
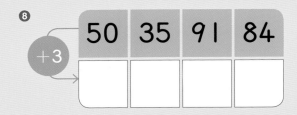

+3	50	35	91	84

⑨

+4	25	43	72	63

● 빈칸에 알맞은 수를 써넣으시오.

❶
$+$ ○ | 14 | 30 | 81 | 63 |
| | 35 | | |

❸
$+$ ○ | 43 | 72 | 61 | 24 |
| 47 | | | |

❹
$+$ ○ | 42 | 72 | 53 | 61 |
| | | | 67 |

❺
$+$ ○ | 34 | 81 | 54 | 62 |
| | 83 | | |

❻
$+$ ○ | 42 | 21 | 73 | 94 |
| 47 | | | |

❼
$+$ ○ | 41 | 20 | 31 | 72 |
| | | | 79 |

❽
$+$ ○ | 20 | 61 | 80 | 41 |
| | | 88 | |

❾
$+$ ○ | 26 | 36 | 86 | 50 |
| | 39 | | |

358 바람개비

가로, 세로로 두 수의 합을 빈칸에 써넣으시오.

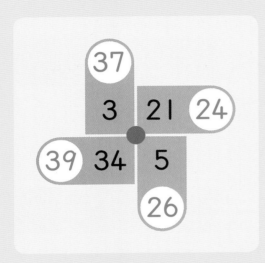

①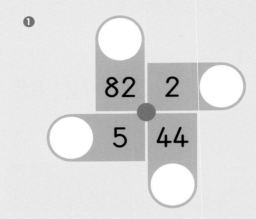

②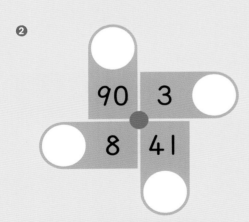

③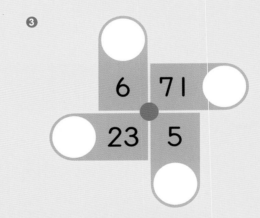

④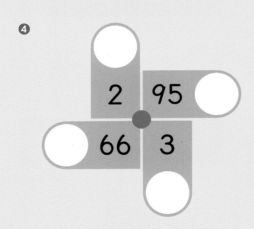

⑤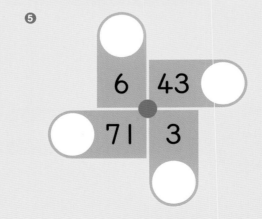

➕ 빈칸에 알맞은 수를 써넣으시오.

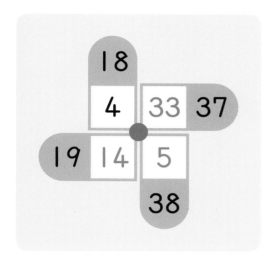

18
4 | 33 | 37
19 | 14 | 5
38

❶

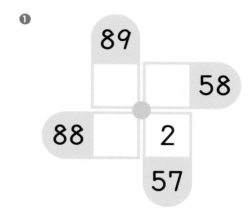

89
□ | □ | 58
88 | □ | 2
57

❷

47
□ | □ | 75
49 | □ | 6
77

❸

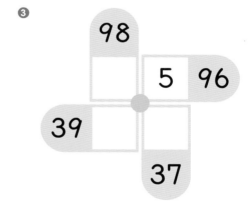

98
□ | 5 | 96
39 | □ | 37

❹

29
□ | □ | 27
88 | 8 | □
86

❺

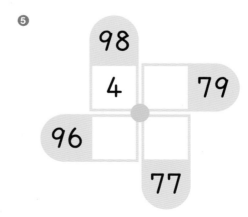

98
□ | 4 | □ | 79
96 | □ | 77

벌집셈

● 벌집 안 두 수의 합을 빈칸에 써넣으시오.

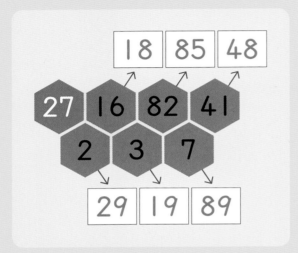

①

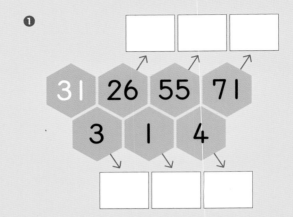

②

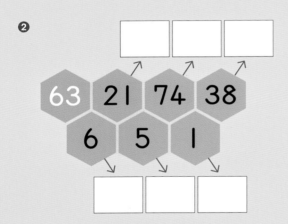

③

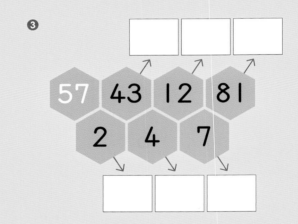

④

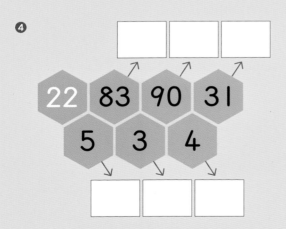

⑤

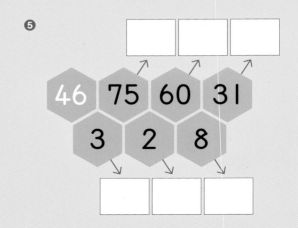

➕ 벌집 안 두 수의 합에 맞게 알맞은 수를 빈칸에 써넣으시오.

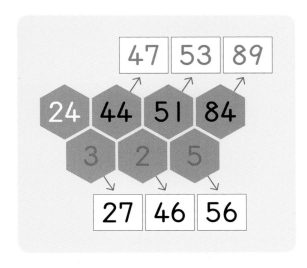

❶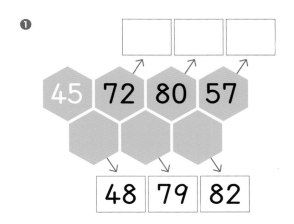

❷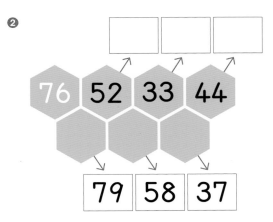

❸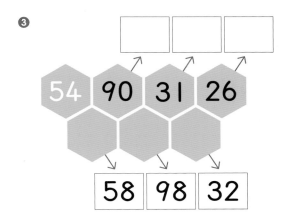

❹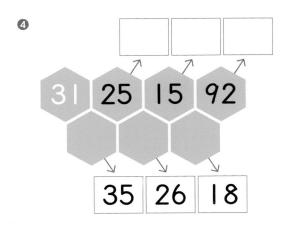

❺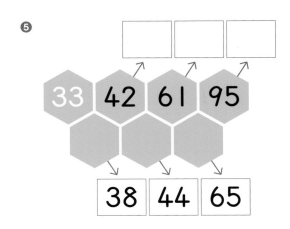

360 매트릭스

● 가로, 세로로 두 수씩 더하여 빈칸에 알맞은 수를 써넣으시오.

7	61		68
30		4	34
	2	43	45
37	63	47	+

❶

72	4		
	34	5	
3		64	
			+

❷

	81	5	
42	7		
3		62	
			+

❸

	43	4	
8		21	
90	6		
			+

❹

5		31	
	50	7	
91	8		
			+

❺

2		36	
74	5		
	63	3	
			+

✚ 빈칸에 알맞은 수를 써넣으시오.

74		2	76
5	22		27
	4	15	19
79	26	17	+

❶

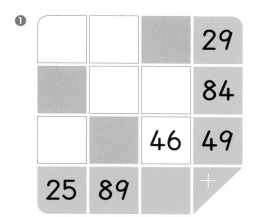

			29
			84
		46	49
25	89		+

❷

			48
		5	
			56
93	59	49	+

❸

		2	43
			79
76	47	97	+

❹

			78
	1		62
35	74	69	+

❺

		25	28
			78
			86
84	79		+

1 빈칸에 알맞은 수를 써넣으시오.

2 벌집 안 두 수의 합을 빈칸에 써넣으시오.

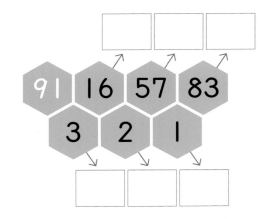

3 가로, 세로로 두 수씩 더한 합을 이용하여 빈칸에 알맞은 수를 써넣으시오.

❶

			72
			68
		34	
75	64	39	+

❷

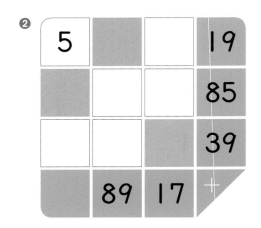

3 두 자리 수의 덧셈

동전 모형 덧셈

● 그림을 보고 □ 안에 알맞은 수를 써넣으시오.

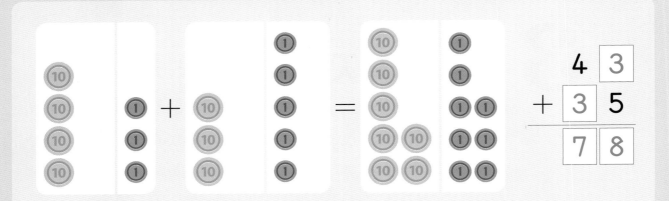

$$
\begin{array}{r}
4\ \boxed{3} \\
+\ \boxed{3}\ 5 \\
\hline
7\ 8
\end{array}
$$

❶

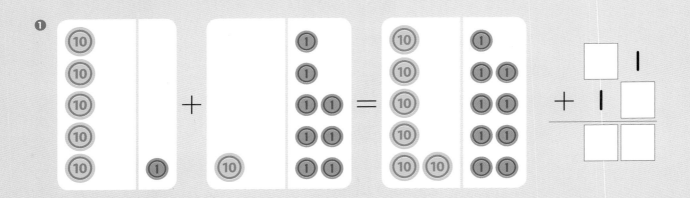

$$
\begin{array}{r}
\boxed{}\ 1 \\
+\ 1\ \boxed{} \\
\hline
\boxed{}\ \boxed{}
\end{array}
$$

❷

$$
\begin{array}{r}
4\ \boxed{} \\
+\ \boxed{}\ 6 \\
\hline
\boxed{}\ \boxed{}
\end{array}
$$

◈ 세로셈으로 고쳐 계산하시오.

24+15= 39

$$\begin{array}{r} 2\ 4 \\ +\ 1\ 5 \\ \hline 3\ 9 \end{array}$$

❶ 35+24= ☐

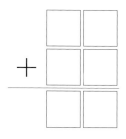

❷ 71+18= ☐

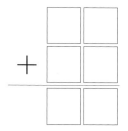

❸ 32+56= ☐

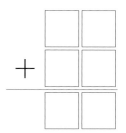

❹ 22+64= ☐

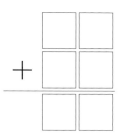

❺ 82+17= ☐

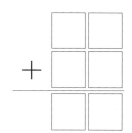

❻ 33+24= ☐

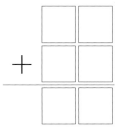

❼ 11+62= ☐

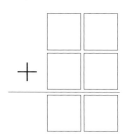

❽ 54+14= ☐

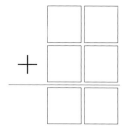

짝꿍셈

● 선으로 이어진 두 수의 합을 구하시오.

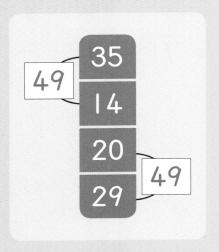

❶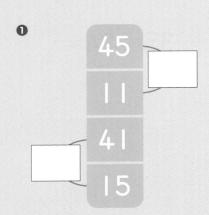

❷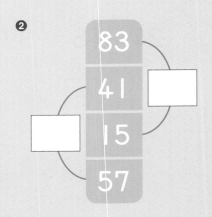

❸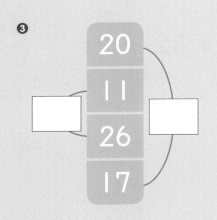

❹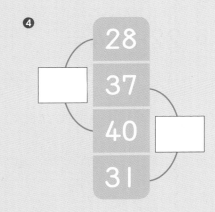

❺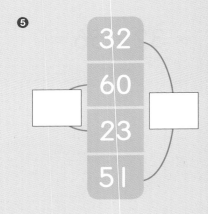

❻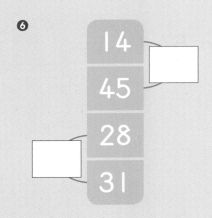

❼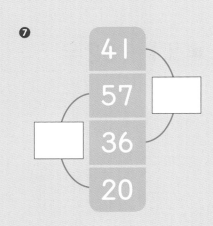

❽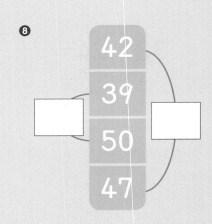

➕ 합이 같도록 두 수를 선으로 잇고, 합을 쓰시오.

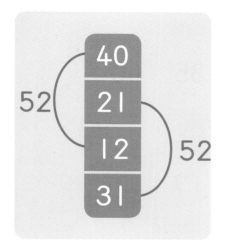

❶

28
19
60
51

❷

53
31
42
20

❸

22
31
25
34

❹

30
50
21
41

❺

23
24
21
20

❻

44
36
60
52

❼

44
57
30
43

❽

31
42
23
34

과녁셈

● 화살이 꽂힌 부분의 수의 합을 가운데 ◯ 안에 써넣으시오.

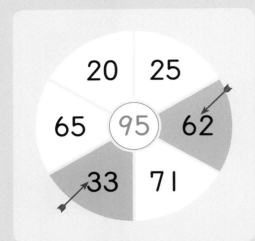

①

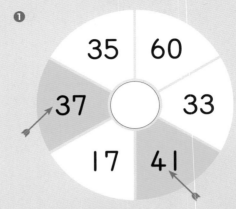

②

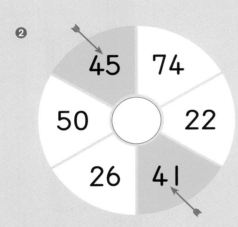

③

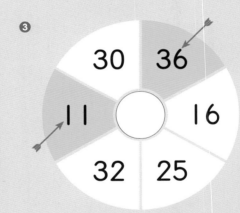

④

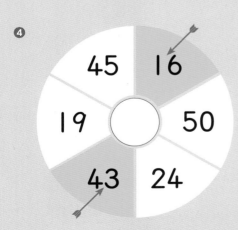

⑤

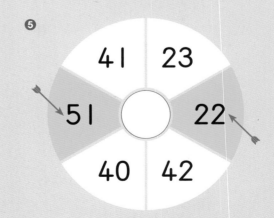

➕ 수의 합이 가운데 수가 되도록 두 수를 골라 ○표 하시오.

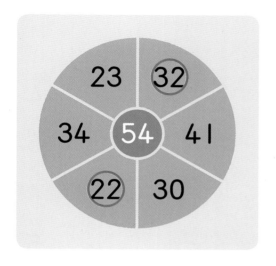

❶
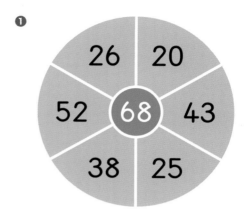

❷
54 30
41 94 21
40 43

❸
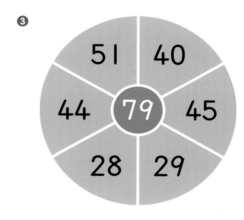

❹
43 20
53 85 32
45 35

❺
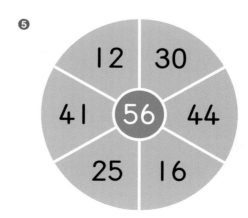

숫자 카드 벌레셈

● 숫자 카드를 모두 한 번씩 사용하여 덧셈식을 완성하시오.

[보기]

카드: 2, 7, 1

$$\begin{array}{r} 2\ 8 \\ +\ 5\ 1 \\ \hline 7\ 9 \end{array}$$

① 카드: 2, 8, 7

$$\begin{array}{r} 1\ \square \\ +\ \square\ 4 \\ \hline \square\ 6 \end{array}$$

② 카드: 6, 1, 8

$$\begin{array}{r} 3\ \square \\ +\ \square\ 7 \\ \hline 9\ \square \end{array}$$

③ 카드: 1, 7, 2

$$\begin{array}{r} \square\ 5 \\ +\ 4\ \square \\ \hline 5\ \square \end{array}$$

④ 카드: 1, 9, 7

$$\begin{array}{r} \square\ 4 \\ +\ 2\ \square \\ \hline \square\ 5 \end{array}$$

⑤ 카드: 5, 3, 6

$$\begin{array}{r} 2\ \square \\ +\ \square\ 3 \\ \hline 7\ \square \end{array}$$

⑥ 카드: 5, 7, 3

$$\begin{array}{r} 5\ \square \\ +\ \square\ 2 \\ \hline 8\ \square \end{array}$$

⑦ 카드: 6, 2, 9

$$\begin{array}{r} \square\ 3 \\ +\ 4\ \square \\ \hline 6\ \square \end{array}$$

✚ 숫자 카드를 모두 한 번씩 사용하여 덧셈식을 완성하시오.

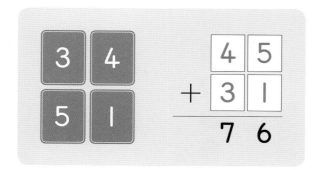

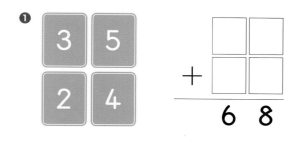

❶

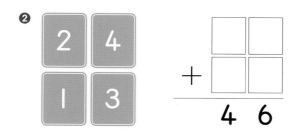

❷

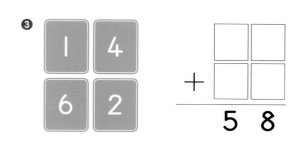

❸

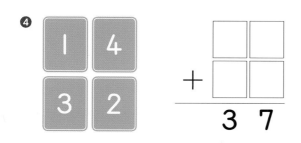

❹

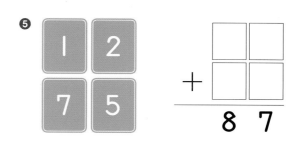

❺

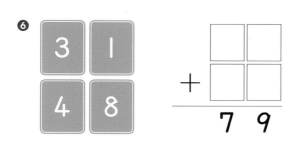

❻

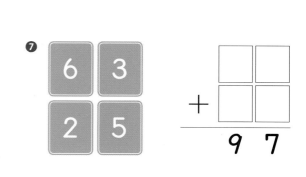

❼

잘 공부했는지 알아봅시다

1 그림을 보고 □ 안에 알맞은 수를 써넣으시오.

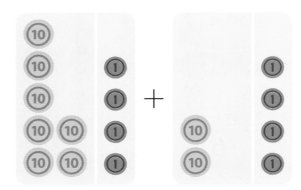

$74+24=$ □

2 다음 두 수의 합이 **67**이 되도록 □ 안에 알맞은 수를 써넣으시오.

5□　□4

3 수의 합이 가운데 수가 되도록 두 수를 골라 ○표 하시오.

❶

13　70

14　86　71

83　16

❷

35　18

27　49　22

30　13

4 문해결 덧셈 (2)

덧셈 상자

● 빈칸에 알맞은 수를 써넣으시오.

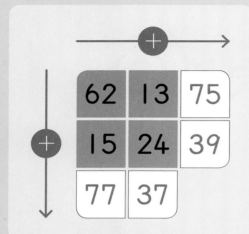

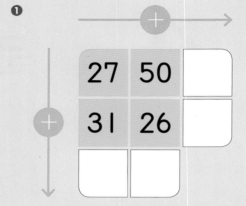

❶

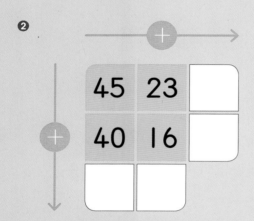

❷

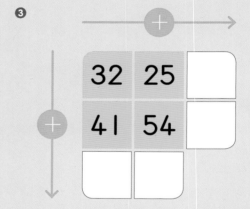

❸

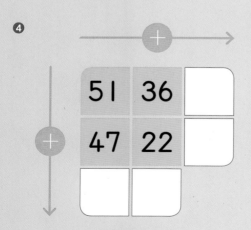

❹

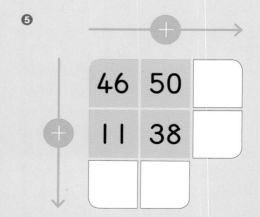

❺

➕ 빈칸에 알맞은 수를 써넣으시오.

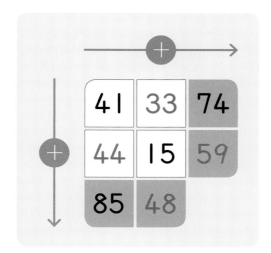

❶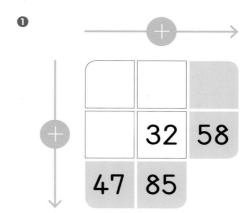

❷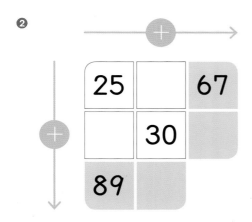

❸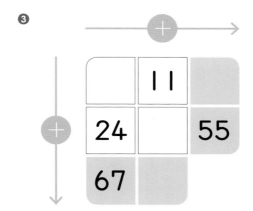

❹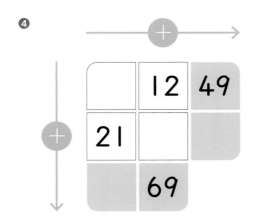

❺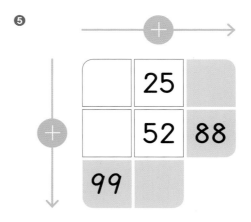

수 카드 완성

● 수 카드 중 두 장을 사용하여 식을 완성하시오.

| 14 | 13 | 31 | 20 |

$$\boxed{13} + \boxed{31} = 44$$

❶

| 51 | 15 | 23 | 44 |

$$\boxed{} + \boxed{} = 67$$

❷

| 32 | 43 | 33 | 41 |

$$\boxed{} + \boxed{} = 75$$

❸

| 24 | 40 | 35 | 18 |

$$\boxed{} + \boxed{} = 59$$

❹

| 23 | 16 | 13 | 10 |

$$\boxed{} + \boxed{} = 36$$

❺

| 54 | 21 | 11 | 65 |

$$\boxed{} + \boxed{} = 76$$

❻

| 13 | 23 | 32 | 25 |

$$\boxed{} + \boxed{} = 45$$

❼

| 50 | 43 | 55 | 41 |

$$\boxed{} + \boxed{} = 98$$

⊕ 수 카드 중 세 장을 사용하여 식을 완성하시오.

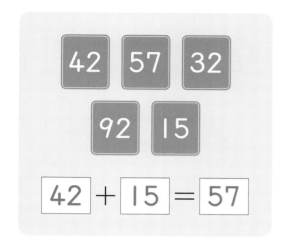

42 57 32
92 15

42 + 15 = 57

❶

81 70 93
22 12

☐ + ☐ = ☐

❷

20 63 15
83 21

☐ + ☐ = ☐

❸

74 43 40
82 31

☐ + ☐ = ☐

❹

45 30 98
53 43

☐ + ☐ = ☐

❺

21 30 65
25 44

☐ + ☐ = ☐

모양셈

● 같은 모양은 같은 수, 다른 모양은 다른 수입니다. 빈칸을 채우시오.

$5 + 5 = ⑩$

$⑩ + ⑩ = \boxed{20}$

$\boxed{20} + \boxed{20} = ◇\!40\!◇$

❶
$6 + 6 = ◯$

$◯ + ◯ = \Box$

$\Box + \Box = ◇$

❷
$◯ + ◯ = 20$

$20 + ◯ = \Box$

$\Box + 40 = ◇$

❸
$◯ + ◯ = 40$

$15 + ◯ = \Box$

$\Box + ◇ = 45$

❹
$◯ + ◯ = 22$

$◯ + \Box = 41$

$\Box + ◇ = 82$

❺
$◯ + ◯ = 24$

$◯ + \Box = 33$

$\Box + ◇ = 56$

♦ ◆가 나타내는 수를 □ 안에 써넣으시오.

$11 + 11 = \clubsuit$
$\clubsuit + \clubsuit = \spadesuit$
$\spadesuit + \spadesuit = \blacklozenge$
$\blacklozenge = \boxed{88}$

①
$10 + 10 = \clubsuit$
$\clubsuit + \clubsuit = \spadesuit$
$\clubsuit + \spadesuit = \blacklozenge$
$\blacklozenge = \square$

②
$\clubsuit + \clubsuit = 26$
$11 + \clubsuit = \spadesuit$
$\spadesuit + 32 = \blacklozenge$
$\blacklozenge = \square$

③
$\clubsuit + \clubsuit = 60$
$12 + \clubsuit = \spadesuit$
$\clubsuit + \spadesuit = \blacklozenge$
$\blacklozenge = \square$

④
$\clubsuit + \clubsuit = 24$
$\clubsuit + \spadesuit = 33$
$\spadesuit + \blacklozenge = 63$
$\blacklozenge = \square$

⑤
$\clubsuit + \clubsuit = 42$
$\clubsuit + \spadesuit = 55$
$\spadesuit + \blacklozenge = 99$
$\blacklozenge = \square$

막대셈

● 빈칸에 알맞은 수를 써넣으시오.

13	24
37	

①

62	30

②

42	56

③

33	42

④

35	24

⑤

15	52

⑥

31	13

⑦

38	11

⑧

32	31

⑨

32	51

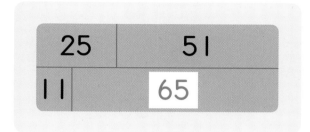

⊕ 빈칸에 알맞은 수를 써넣으시오.

25	51
11	**65**

①

18	71
69	20

②

66	13
54	25

③

40	27
16	**51**

④

33	46
20	**59**

⑤

57	12
53	16

⑥

44	55
77	22

⑦

12	84
32	**64**

⑧

41	52
22	**71**

⑨

31	24
40	15

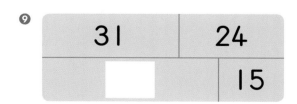

1 빈칸에 알맞은 수를 써넣으시오.

❶
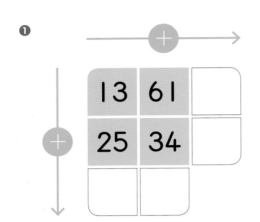

❷
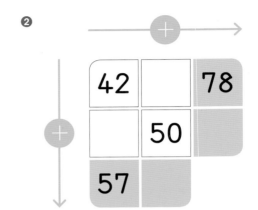

2 수 카드 중 세 장을 사용하여 식을 완성하시오.

98   27

17   71   61

$$\boxed{} + \boxed{} = \boxed{}$$

3 같은 모양은 같은 수, 다른 모양은 다른 수입니다. ◆가 나타내는 수를 구하시오.

$$\clubsuit + \clubsuit = 48$$

$$\clubsuit + \spadesuit = 57$$

$$\spadesuit + 12 = \blacklozenge$$

5

(두 자리 수)
−(한 자리 수)

수 모형 뺄셈

● 그림을 보고 □ 안에 알맞은 수를 써넣으시오.

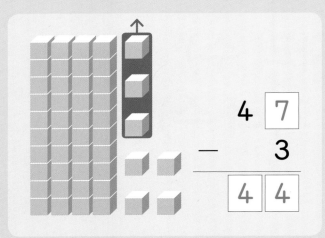

$$
\begin{array}{r}
4\ \boxed{7} \\
-\quad 3 \\
\hline
\boxed{4}\ \boxed{4}
\end{array}
$$

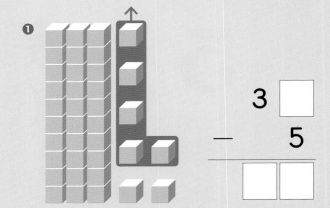

①

$$
\begin{array}{r}
3\ \boxed{} \\
-\quad 5 \\
\hline
\boxed{}\ \boxed{}
\end{array}
$$

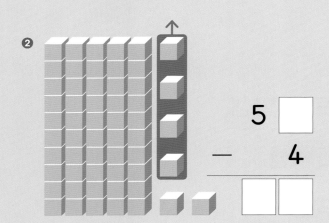

②

$$
\begin{array}{r}
5\ \boxed{} \\
-\quad 4 \\
\hline
\boxed{}\ \boxed{}
\end{array}
$$

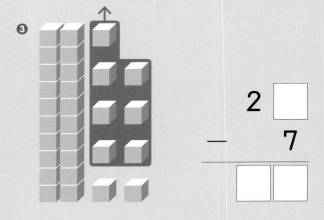

③

$$
\begin{array}{r}
2\ \boxed{} \\
-\quad 7 \\
\hline
\boxed{}\ \boxed{}
\end{array}
$$

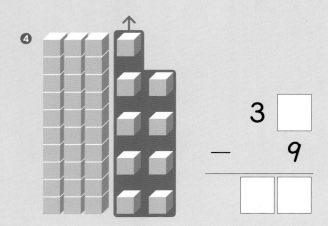

④

$$
\begin{array}{r}
3\ \boxed{} \\
-\quad 9 \\
\hline
\boxed{}\ \boxed{}
\end{array}
$$

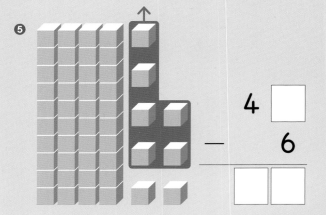

⑤

$$
\begin{array}{r}
4\ \boxed{} \\
-\quad 6 \\
\hline
\boxed{}\ \boxed{}
\end{array}
$$

⊕ □ 안에 알맞은 수를 써넣으시오.

```
  8 [5]
-   3
──────
 [8] 2
```

❶
```
 [ ] 6
-   [ ]
──────
  3  2
```

❷
```
 [ ] 7
-   4
──────
  6 [ ]
```

❸
```
  9 [ ]
-   4
──────
 [ ] 5
```

❹
```
 [ ] 5
-   [ ]
──────
  5  1
```

❺
```
 [ ] 8
-   3
──────
  7 [ ]
```

❻
```
  7 [ ]
-   2
──────
 [ ] 6
```

❼
```
 [ ] 7
-   [ ]
──────
  2  3
```

❽
```
 [ ] 9
-   7
──────
  5 [ ]
```

❾
```
  3 [ ]
-   3
──────
 [ ] 3
```

❿
```
 [ ] 8
-   [ ]
──────
  9  1
```

⓫
```
 [ ] 5
-   2
──────
  4 [ ]
```

양과녁셈

● 왼쪽 과녁판의 점수에서 오른쪽 과녁판의 점수를 뺍니다. 점수를 구하시오.

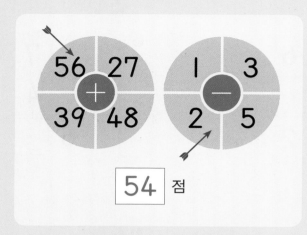

54 점

❶
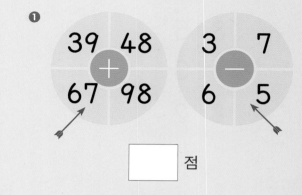

☐ 점

❷
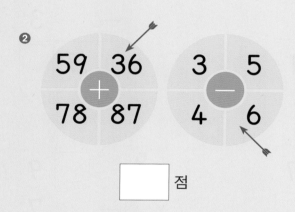

☐ 점

❸
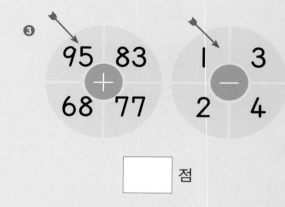

☐ 점

❹
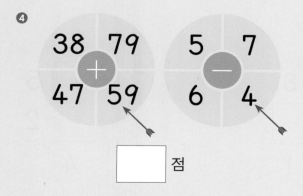

☐ 점

❺
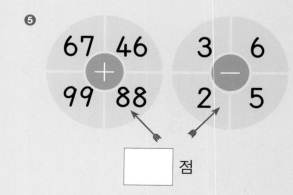

☐ 점

⊕ 점수에 맞게 화살이 꽂힐 자리 두 곳에 ×표 하시오.

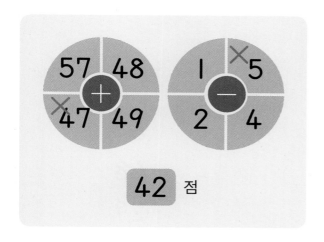

42 점

❶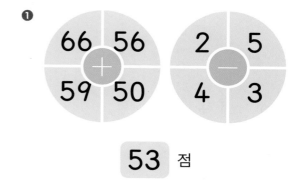

53 점

❷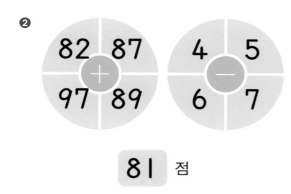

81 점

❸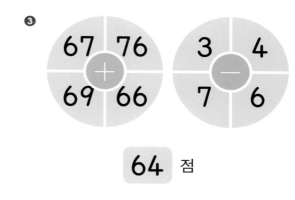

64 점

❹

25 점

❺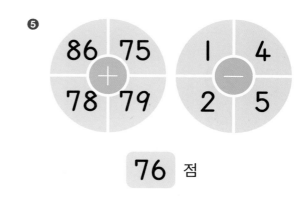

76 점

하우스

● 뺄셈을 하여 빈칸에 알맞은 수를 써넣으시오.

-3

14	11
26	23
48	45

❶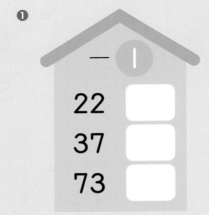

-1

22	
37	
73	

❷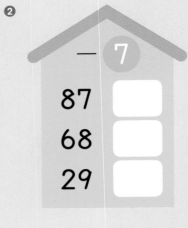

-7

87	
68	
29	

❸

-2

36	
99	
45	

❹

-5

15	
87	
36	

❺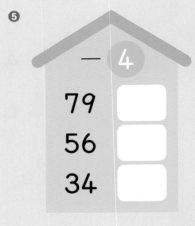

-4

79	
56	
34	

❻

-8

28	
49	
79	

❼

-6

57	
68	
96	

❽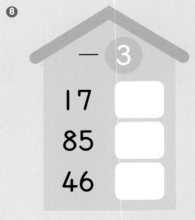

-3

17	
85	
46	

➕ 빈칸에 알맞은 수를 써넣으시오.

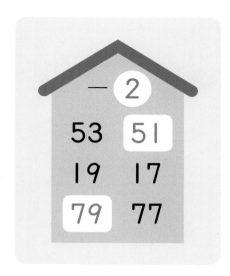

－ 2

53 51
19 17
79 77

❶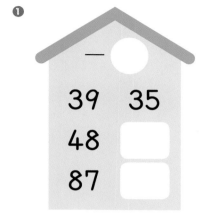

－ ○

39 35
48 ☐
87 ☐

❷

－ ○

47 ☐
78 71
69 ☐

❸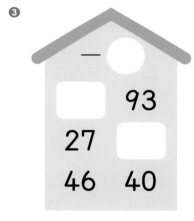

－ ○

☐ 93
27 ☐
46 40

❹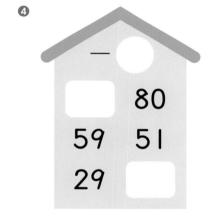

－ ○

☐ 80
59 51
29 ☐

❺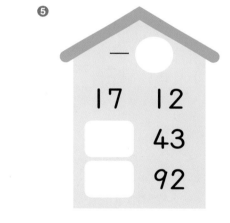

－ ○

17 12
☐ 43
☐ 92

❻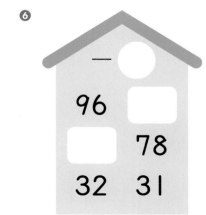

－ ○

96 ☐
☐ 78
32 31

❼

－ ○

☐ 55
89 86
14 ☐

❽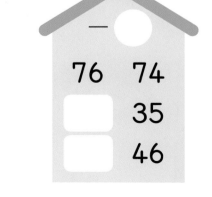

－ ○

76 74
☐ 35
☐ 46

큰 차 만들기

● 숫자 카드를 모두 한 번씩 사용하여 뺄셈식을 완성하시오.

| 5 | 3 | 9 |

9 5 − 3 = 92

①

| 8 | 7 | 2 |

☐☐ − ☐ = 85

②

| 7 | 9 | 1 |

☐☐ − ☐ = 96

③

| 2 | 5 | 6 |

☐☐ − ☐ = 63

④

| 8 | 2 | 7 |

☐☐ − ☐ = 85

⑤

| 1 | 6 | 9 |

☐☐ − ☐ = 95

⑥

| 6 | 3 | 7 |

☐☐ − ☐ = 73

⑦

| 3 | 4 | 2 |

☐☐ − ☐ = 41

✛ 숫자 카드 중에서 두 장을 골라 가장 큰 두 자리 수를 만들고, 나머지 한 장의 카드로 한 자리 수를 만들 때, 만든 두 수의 차를 구하시오.

두 수 :   64, 3

두 수의 차 : $64 - 3 = 61$

❶

8 4 5

두 수 : _____

두 수의 차 : _____

❷

두 수 : _____

두 수의 차 : _____

❸

2 9 5

두 수 : _____

두 수의 차 : _____

❹

두 수 : _____

두 수의 차 : _____

❺

두 수 : _____

두 수의 차 : _____

잘 공부했는지 알아봅시다

1 그림을 보고 □ 안에 알맞은 수를 써넣으시오.

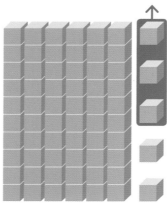

$$65-3=\boxed{}$$

2 숫자 카드를 한 장씩 모두 사용하여 차가 가장 큰 뺄셈식을 만드시오.

❶   8   4   1

$$\boxed{}\,\boxed{}-\boxed{}=\boxed{}$$

❷   2   9   7

$$\boxed{}\,\boxed{}-\boxed{}=\boxed{}$$

3 왼쪽 과녁판의 점수에서 오른쪽 과녁판의 점수를 뺍니다. 점수에 맞게 화살이 꽂힐 자리 두 곳에 ×표 하시오.

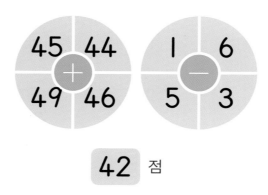

45 44
49 46

1 6
5 3

42 점

6 두 자리 수의 뺄셈

동전 모형 뺄셈

● □ 안에 알맞은 수를 써넣으시오.

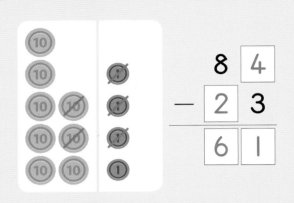

$$
\begin{array}{r}
8\ \boxed{4} \\
-\ \boxed{2}\ 3 \\
\hline
\boxed{6}\ \boxed{1}
\end{array}
$$

①

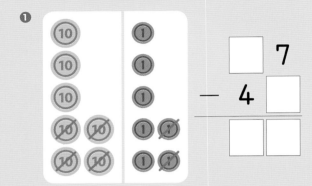

$$
\begin{array}{r}
\boxed{\ }\ 7 \\
-\ 4\ \boxed{\ } \\
\hline
\boxed{\ }\ \boxed{\ }
\end{array}
$$

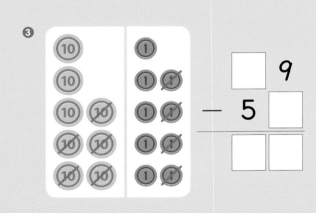

②

$$
\begin{array}{r}
6\ \boxed{\ } \\
-\ \boxed{\ }\ 5 \\
\hline
\boxed{\ }\ \boxed{\ }
\end{array}
$$

③

$$
\begin{array}{r}
\boxed{\ }\ 9 \\
-\ 5\ \boxed{\ } \\
\hline
\boxed{\ }\ \boxed{\ }
\end{array}
$$

④

$$
\begin{array}{r}
5\ \boxed{\ } \\
-\ \boxed{\ }\ 4 \\
\hline
\boxed{\ }\ \boxed{\ }
\end{array}
$$

⑤

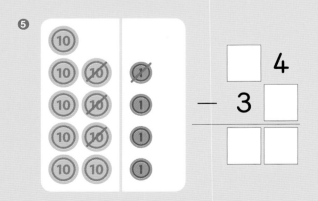

$$
\begin{array}{r}
\boxed{\ }\ 4 \\
-\ 3\ \boxed{\ } \\
\hline
\boxed{\ }\ \boxed{\ }
\end{array}
$$

➕ 세로셈으로 고쳐 계산하시오.

$$44-22=\boxed{22}$$

$$\begin{array}{r} \boxed{4}\boxed{4} \\ -\boxed{2}\boxed{2} \\ \hline \boxed{2}\boxed{2} \end{array}$$

❶ $85-61=\boxed{}$

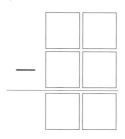

❷ $98-55=\boxed{}$

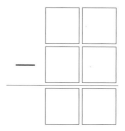

❸ $37-11=\boxed{}$

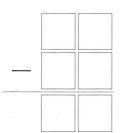

❹ $48-24=\boxed{}$

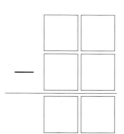

❺ $56-13=\boxed{}$

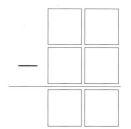

❻ $39-15=\boxed{}$

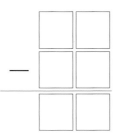

❼ $59-37=\boxed{}$

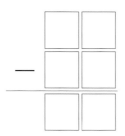

❽ $69-26=\boxed{}$

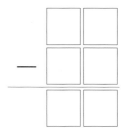

토너먼트셈

● 두 수의 차를 구하여 빈칸에 써넣으시오.

57	34
23	

①
62	30

②
76	24

③
93	70

④
85	14

⑤
39	26

⑥
71	20

⑦
99	87

⑧
75	13

⑨
96	42

⑩
87	65

⑪
48	31

⑫
49	39

⑬
78	51

⑭
87	22

⊕ 아래의 수는 짝지은 위 두 수의 차입니다. 빈칸에 알맞은 수를 써넣으시오.

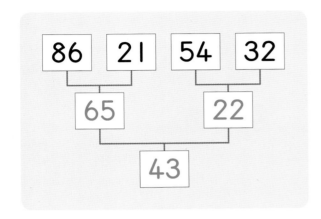

❶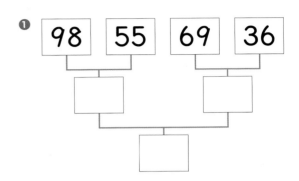

❷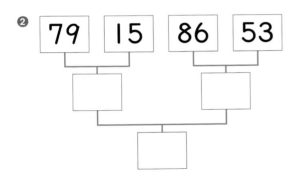

❸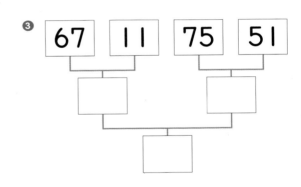

❹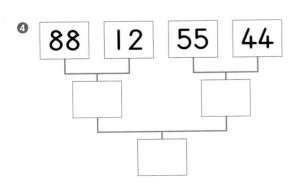

❺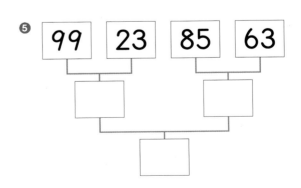

잎새 따기

● 계산 결과가 ● 안의 수와 다른 것을 찾아 /로 잎새를 따시오.

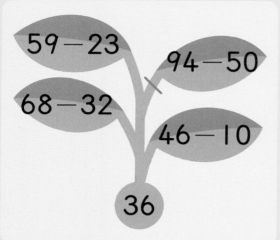

①

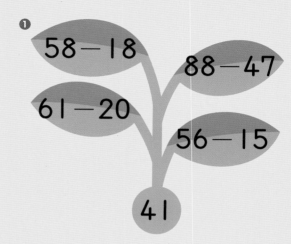

②

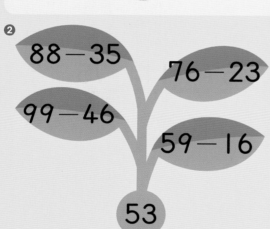

③

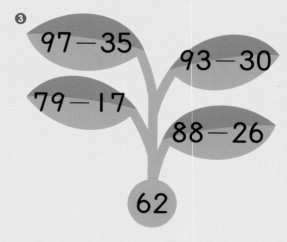

④

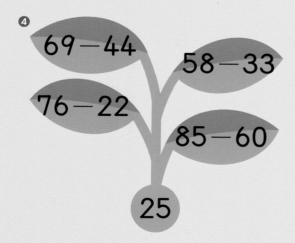

⑤

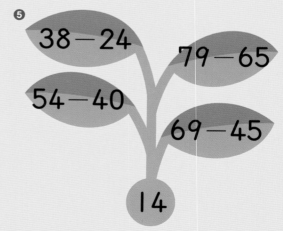

계산 결과가 다른 하나를 찾아 /로 잎새를 따시오.

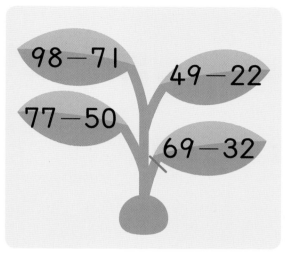

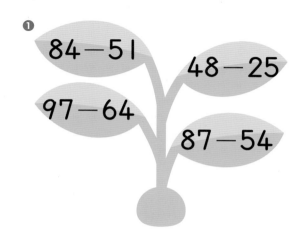

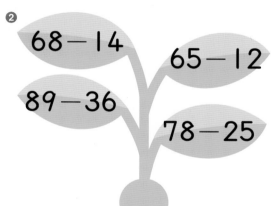

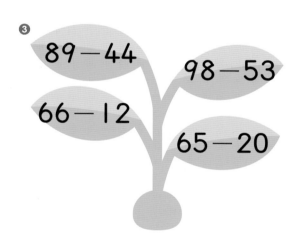

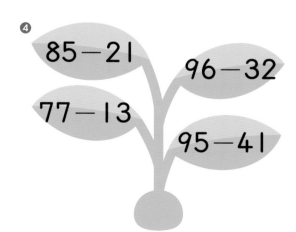

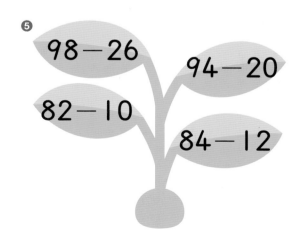

숫자 카드 목표수

◑ 숫자 카드를 한 번씩 사용하여 뺄셈식을 완성하시오.

```
    8 6
  - 3 3
  ─────
    5 3
```

❶ 4 1 8

```
    9 □
  - □ 7
  ─────
    5 □
```

❷ 2 6 5

```
    □ 7
  - 1 □
  ─────
    □ 5
```

❸ 2 6 8

```
    □ 4
  - 2 □
  ─────
    □ 2
```

❹ 5 2 6

```
    8 □
  - □ 4
  ─────
    3 □
```

❺ 5 3 7

```
    □ 5
  - 2 □
  ─────
    □ 2
```

❻ 8 3 2

```
    4 □
  - □ 5
  ─────
    2 □
```

❼ 8 2 9

```
    □ 8
  - 1 □
  ─────
    □ 6
```

❽ 2 1 9

```
    8 □
  - □ 8
  ─────
    6 □
```

숫자 카드를 한 번씩 사용하여 여러 가지 뺄셈식을 완성하시오.

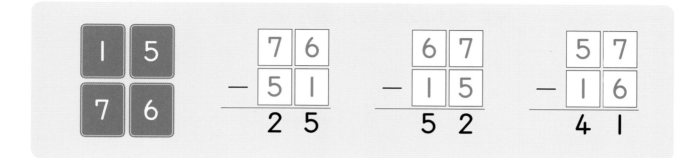

❶

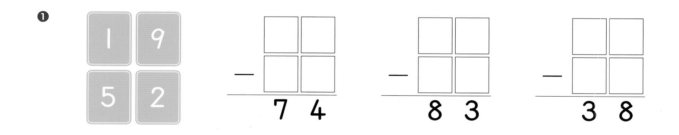

❷

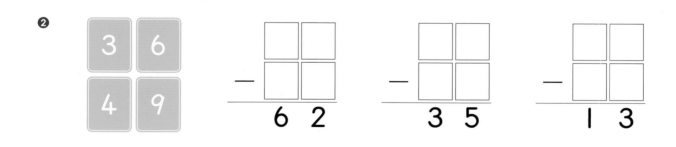

❸

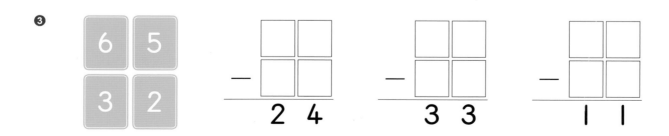

1 그림을 보고 □ 안에 알맞은 수를 써넣으시오.

$$78 - 5\boxed{} = \boxed{}5$$

2 아래의 수는 위 두 수의 차입니다. 빈칸에 알맞은 수를 써넣으시오.

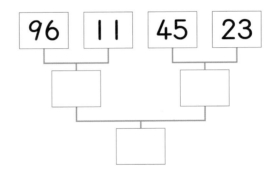

3 숫자 카드를 한 번씩 사용하여 뺄셈식을 완성하시오.

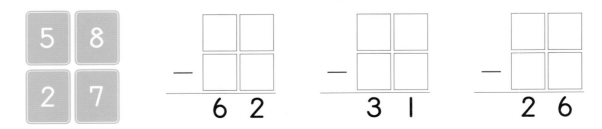

7 문해결 뺄셈

원판셈

● 안쪽 수에서 바깥쪽 수를 빼어 빈칸에 알맞은 수를 써넣으시오.

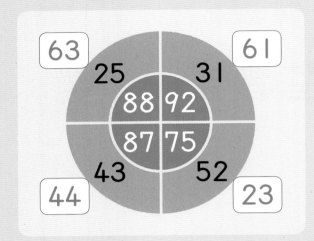

63   25   31   61
      88 92
      87 75
44   43   52   23

❶
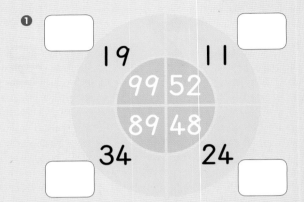

19   11
99 52
89 48
34   24

❷
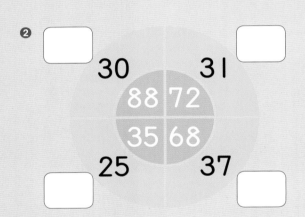

30   31
88 72
35 68
25   37

❸

23   42
63 77
78 65
25   40

❹
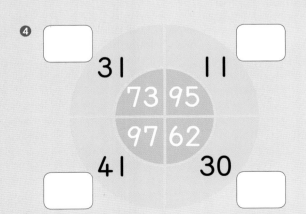

31   11
73 95
97 62
41   30

❺

87   51
98 76
71 98
20   64

● 빈칸에 알맞은 수를 써넣으시오.

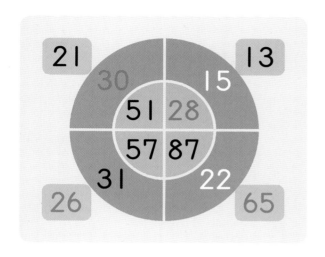

❶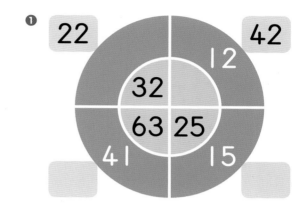

❷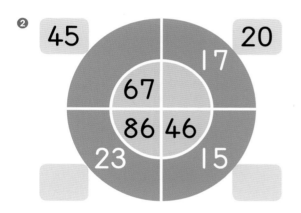

❸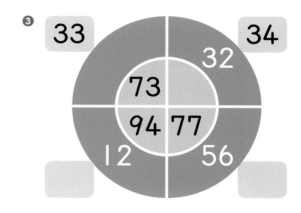

❹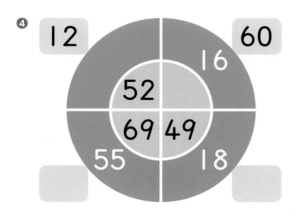

❺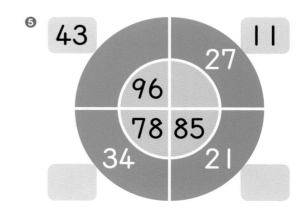

계단셈

● 빈칸에 알맞은 수를 써넣으시오.

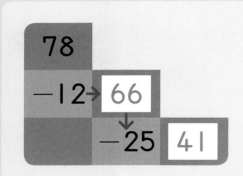

①
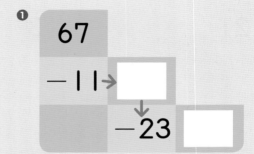

②
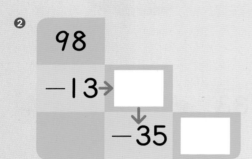

③
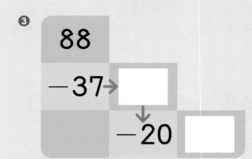

④

65
−21→ ☐
−13 ☐

⑤

77
−32→ ☐
−23 ☐

⑥

89
−26→ ☐
−50 ☐

⑦
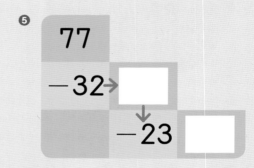

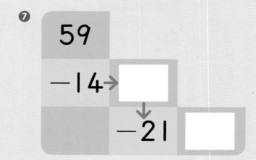

✛ 빈칸에 알맞은 수를 써넣으시오.

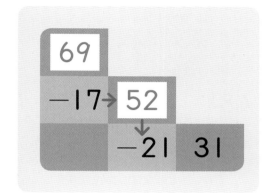

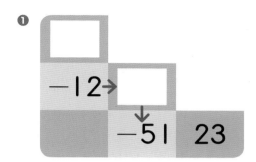

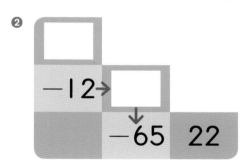

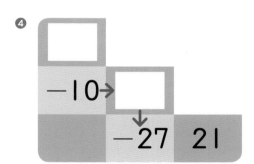

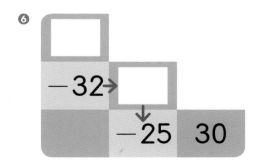

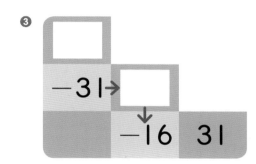

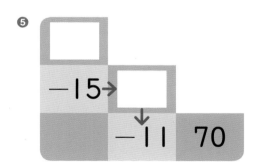

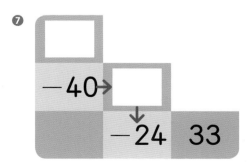

뺄셈표

● 뺄셈표의 빈칸에 알맞은 수를 써넣으시오.

−	15	34	41
56	41	22	15
67	52	33	26

❶

−	20	23	36
48			
76			

❷

−	23	26	14
37			
89			

❸

−	32	43	57
68			
79			

❹

−	51	60	73
78			
85			
94			

❺

−	16	20	35
49			
56			
67			

⊕ 뺄셈표의 빈칸에 알맞은 수를 써넣으시오.

−	13	25	33
45	32	20	12
58	45	33	25

❶
−		51	
	24	13	
88			26

❷
−	10		25
58		14	
	66		

❸
−			44
	26		2
		62	54

❹
−		25	
		20	
58			
65	35		54

❺
−		61	
74	24		52
		22	
	45		

380 벌레셈 문장제

● 벌레셈의 □ 안에 알맞은 수를 써넣으시오.

[보기]

```
    7 6
  - 1 5
  -----
    6 1
```

❶
```
    9 □
  - □ 4
  -----
    6 3
```

❷
```
    5 6
  - 1 □
  -----
    □ 4
```

❸
```
    7 □
  - □ 5
  -----
    4 4
```

❹
```
    □ 3
  - 4 □
  -----
    5 1
```

❺
```
    6 7
  - □ 6
  -----
    4 □
```

❻
```
    7 □
  - □ 2
  -----
    4 2
```

❼
```
    □ 7
  - 2 □
  -----
    5 3
```

❽
```
    9 9
  - □ 5
  -----
    2 □
```

❾
```
    □ 4
  - 3 □
  -----
    5 2
```

❿
```
    7 □
  - □ 3
  -----
    2 6
```

⓫
```
    6 8
  - 1 □
  -----
    □ 3
```

✚ 벌레셈을 세우고 두 수를 구하시오.

일의 자리 숫자가 **7**인 두 자리 수와 십의 자리 숫자가 **3**인 두 자리 수의 차가 **61**입니다.

97, 36

❶ 십의 자리 숫자가 **3**인 두 자리 수에서 일의 자리 숫자가 **5**인 두 자리 수를 뺐더니 **13**이 되었습니다.

❷ 일의 자리 숫자가 **4**인 두 자리 수에서 십의 자리 숫자가 **2**인 두 자리 수를 뺐더니 **32**가 되었습니다.

❸ 십의 자리 숫자가 **7**인 두 자리 수에서 일의 자리 숫자가 **1**인 두 자리 수를 뺐더니 **48**이 되었습니다.

1 뺄셈표의 빈칸에 알맞은 수를 써넣으시오.

−	12		37
49		23	
	85		

2 빈칸에 알맞은 수를 써넣으시오.

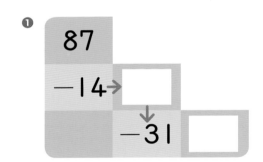

❶ 87
−14→ ☐
　　↓
　−31 ☐

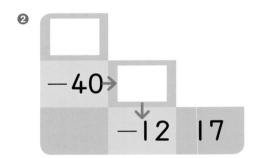

❷ ☐
−40→ ☐
　　↓
　−12 17

3 벌레셈을 세우고 두 수를 구하시오.

십의 자리 숫자가 **7**인 두 자리 수에서 일의 자리 숫자가 **3**인 두 자리 수를 뺐더니 **13**이 되었습니다.

8 두 자리 수의
덧셈과 뺄셈

관계셈

● 덧셈식을 보고 뺄셈식을 두 개 만드시오.

$17+22=39$

$39-17=22$

$39-22=17$

❶ $43+25=68$

❷ $61+34=95$

❸ $72+17=89$

● 뺄셈식을 보고 덧셈식을 두 개 만드시오.

$56-13=43$

$13+43=56$

$43+13=56$

❹ $89-26=63$

❺ $47-25=22$

❻ $98-68=30$

➕ 주어진 수를 사용하여 덧셈식과 뺄셈식을 각각 두 개씩 만드시오.

$11 + 27 = 38$

$27 + 11 = 38$

11 27 38

$38 - 27 = 11$

$38 - 11 = 27$

❶ ☐ + ☐ = ☐

☐ + ☐ = ☐

16 23 39

☐ − ☐ = ☐

☐ − ☐ = ☐

❷ ☐ + ☐ = ☐

☐ + ☐ = ☐

35 31 66

☐ − ☐ = ☐

☐ − ☐ = ☐

❸ ☐ + ☐ = ☐

☐ + ☐ = ☐

27 62 89

☐ − ☐ = ☐

☐ − ☐ = ☐

❹ ☐ + ☐ = ☐

☐ + ☐ = ☐

20 75 95

☐ − ☐ = ☐

☐ − ☐ = ☐

대소셈

● ◯ 안에 >, =, <를 알맞게 써넣으시오.

$44+20 \bigcirc{>} 61$

❶ $48-10 \bigcirc 38$

❷ $32-12 \bigcirc 19$

❸ $42+13 \bigcirc 55$

❹ $27+11 \bigcirc 36$

❺ $43-20 \bigcirc 26$

❻ $46-31 \bigcirc 16$

❼ $39+30 \bigcirc 68$

❽ $41+45 \bigcirc 86$

❾ $75-53 \bigcirc 24$

❿ $65-53 \bigcirc 14$

⓫ $33+66 \bigcirc 99$

⓬ $35+23 \bigcirc 49$

⓭ $47-25 \bigcirc 21$

✚ ◯ 안에 >, =, <를 알맞게 써넣으시오.

$$58-12 \; \bigcirc = \; 35+11$$

❶ $22+42 \; \bigcirc \; 89-31$

❷ $36+20 \; \bigcirc \; 78-21$

❸ $98-30 \; \bigcirc \; 50+19$

❹ $74-24 \; \bigcirc \; 27+22$

❺ $32+14 \; \bigcirc \; 77-31$

❻ $14+15 \; \bigcirc \; 43-12$

❼ $75-20 \; \bigcirc \; 31+23$

❽ $96-24 \; \bigcirc \; 43+30$

❾ $28+11 \; \bigcirc \; 49-10$

❿ $27+61 \; \bigcirc \; 99-11$

⓫ $76-21 \; \bigcirc \; 23+26$

⓬ $87-12 \; \bigcirc \; 35+30$

⓭ $33+41 \; \bigcirc \; 98-25$

383 합차 두 수

● 두 수의 합과 차를 빈칸에 써넣으시오.

보기 합 74 53 21 차 32

① 합 ☐ 35 10 차 ☐

② 합 ☐ 57 21 차 ☐

③ 합 ☐ 46 13 차 ☐

④ 합 ☐ 23 20 차 ☐

⑤ 합 ☐ 63 21 차 ☐

⑥ 합 ☐ 56 32 차 ☐

⑦ 합 ☐ 37 20 차 ☐

⑧ 합 ☐ 84 14 차 ☐

⑨ 합 ☐ 63 11 차 ☐

⑩ 합 ☐ 53 33 차 ☐

⑪ 합 ☐ 43 30 차 ☐

⊕ 합과 차에 맞게 두 수를 구하여 큰 수부터 차례로 써넣으시오.

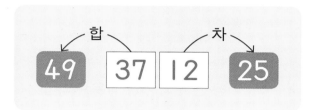

❶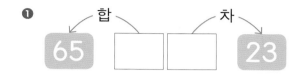

❷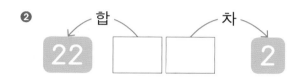

❸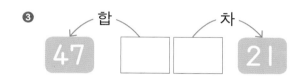

❹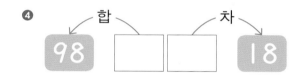

❺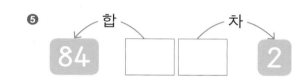

❻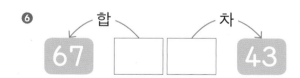

❼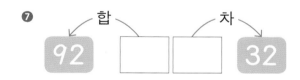

❽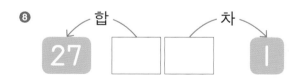

❾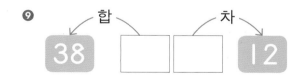

❿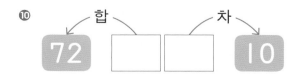

⓫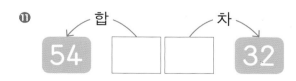

숫자 카드 조건

● 숫자 카드를 사용하여 조건에 맞는 식을 만드시오.

조건

만들 수 있는 두 자리 수 중
가장 큰 수와 가장 작은 수의 합

| 1 | 2 |
| 3 | 4 |
| 5 |

$$\begin{array}{r} 5\ 4 \\ +\ 1\ 2 \\ \hline 6\ 6 \end{array}$$

❶ 조건

만들 수 있는 두 자리 수 중
가장 큰 수와 가장 작은 수의 합

| 3 | 4 |
| 2 | 5 |
| 6 |

$$\begin{array}{r} 6\ \square \\ +\ \square\ 3 \\ \hline \square\ \square \end{array}$$

❷ 조건

만들 수 있는 두 자리 수 중
가장 큰 수와 가장 작은 수의 차

| 2 | 5 |
| 7 | 4 |
| 8 |

$$\begin{array}{r} \square\ 7 \\ -\ 2\ \square \\ \hline \square\ \square \end{array}$$

❸ 조건

만들 수 있는 두 자리 수 중
가장 큰 수와 가장 작은 수의 차

| 1 | 3 |
| 5 | 6 |
| 9 |

$$\begin{array}{r} \square\ 6 \\ -\ 1\ \square \\ \hline \square\ \square \end{array}$$

✛ 숫자 카드를 사용하여 조건에 맞는 식을 세우고, 답을 구하시오.

조건

십의 자리 숫자가 **3**인 가장 큰 수와 십의 자리 숫자가 **5**인 가장 작은 수의 합

| 3 | 5 | 1 | 6 | 2 |

$$36+51=87,\ 87$$

❶ **조건**

일의 자리 숫자가 **4**인 가장 큰 수와 십의 자리 숫자가 **2**인 가장 작은 수의 합

| 1 | 6 | 7 | 4 | 2 |

❷ **조건**

십의 자리 숫자가 **7**인 가장 큰 수와 십의 자리 숫자가 **4**인 가장 작은 수의 차

| 1 | 6 | 7 | 4 | 9 |

❸ **조건**

일의 자리 숫자가 **4**인 가장 큰 수와 십의 자리 숫자가 **3**인 가장 작은 수의 차

| 2 | 4 | 3 | 5 | 8 |

1 덧셈식을 보고 뺄셈식을 두 개 만드시오.

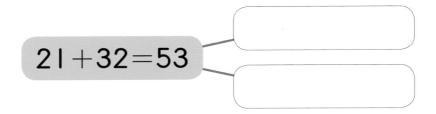

$$21+32=53$$

2 계산 결과가 큰 것부터 차례로 기호를 쓰시오.

㉠ 78−24   ㉡ 34+25

㉢ 70−20   ㉣ 26+41

3 ◯ 안에 >, =, <를 알맞게 써넣으시오.

❶ 36+21 ◯ 89−35   ❷ 61−20 ◯ 10+30

4 합과 차에 맞게 두 수를 구하여 큰 수부터 차례로 써넣으시오.

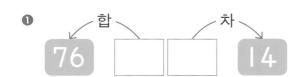

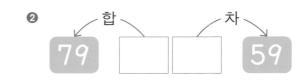

MEMO

NE 능률

교과 이해력 UP 시켜 주는, **초등 어휘 필수 교과서**

세마리 **토**끼 잡는 초등 **어휘**

세토어로 공부한 아이는 **교과 이해력**이 다릅니다.
세토어는 참고서가 아니라, **어휘 교과서**입니다.

'민주주의'의 반대는 '공산주의'인가?

'민주주의'는 백성이 주인이 되는 정치니까, 지배자가 마음대로 다스리는 '독재주의'가 상대어야.

〈세·토·어〉를 안 본 아이

〈세·토·어〉를 본 아이

www.nebooks.co.kr ▼

초등 어휘 교과서 세토어는…?

★ 한자어, 고유어, 영단어 학습을 한 번에!
★ 어휘 학습을 통해 초등 교과 내용 완벽 이해!
★ 한자 활용 능력을 키워 주어, 중·고등 교과 대비도 척척!

쎈연산

정답 및 해설
Guide Book

초등1 4호

받아올림, 받아내림 없는 두 자리 수의 계산

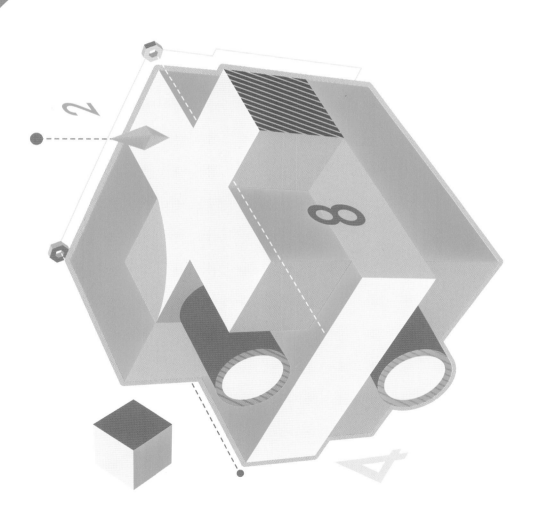

NE능률

353 수 모형 덧셈

● 그림을 보고 □ 안에 알맞은 수를 써넣으시오.

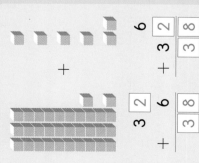

$$3\ 2 + 6 = 3\ 8$$

$$\begin{array}{r} 3\ 2 \\ +\ \ \ 6 \\ \hline 3\ 8 \end{array}$$

①
$$\begin{array}{r} 4\ 4 \\ +\ \ \ 3 \\ \hline 4\ 7 \end{array} \qquad \begin{array}{r} 3 \\ +\ 4\ 4 \\ \hline 4\ 7 \end{array}$$

②
$$\begin{array}{r} 5\ 1 \\ +\ \ \ 7 \\ \hline 5\ 8 \end{array} \qquad \begin{array}{r} 7 \\ +\ 5\ 1 \\ \hline 5\ 8 \end{array}$$

③
$$\begin{array}{r} 2\ 1 \\ +\ \ \ 8 \\ \hline 2\ 9 \end{array} \qquad \begin{array}{r} 8 \\ +\ 2\ 1 \\ \hline 2\ 9 \end{array}$$

월 일

● □ 안에 알맞은 수를 써넣으시오.

보기
$$43 + 5 = 48$$
$$5 + 43 = 48$$

①
$$77 + 2 = 79$$
$$2 + 77 = 79$$

②
$$84 + 3 = 87$$
$$3 + 84 = 87$$

③
$$31 + 7 = 38$$
$$7 + 31 = 38$$

④
$$56 + 2 = 58$$
$$2 + 56 = 58$$

⑤
$$64 + 1 = 65$$
$$1 + 64 = 65$$

⑥
$$25 + 4 = 29$$
$$4 + 25 = 29$$

⑦
$$93 + 3 = 96$$
$$3 + 93 = 96$$

⑧
$$41 + 8 = 49$$
$$8 + 41 = 49$$

⑨
$$72 + 5 = 77$$
$$5 + 72 = 77$$

① 주차

354 갈림길

● 계산에 맞게 빈칸에 알맞은 수를 써넣으시오.

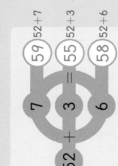

52 + 3
7 → ⑤9 52+7
3 → ⑤5 52+3
6 → ⑤8 52+6

① 40 +
9 → 49 40+9
3 → 43 40+3
8 → 48 40+8

③ 31 +
5 → 36
8 → 39
4 → 35

⑤ 63 +
5 → 68
3 → 66
6 → 69

② 70 +
7 → 77
6 → 76
2 → 72

④ 84 +
2 → 86
4 → 88
3 → 87

월 일

♣ 계산에 맞게 선을 그으시오.

① 50 + 3 · 9 · 5 = 55
50+5=55

③ 33 + 5 · 3 · 6 = 39

⑤ 45 + 4 · 2 · 6 = 47

⑦ 12 + 7 · 2 · 6 = 14

② 72 + 5 · 3 · 6 = 78
72+6=78

④ 23 + 6 · 5 · 4 = 28

⑥ 36 + 2 · 3 · 1 = 37

⑧ 91 + 8 · 9 · 7 = 99

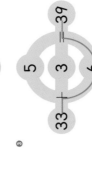

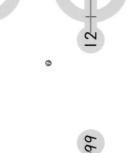

355 두 수 묶기

● 안의 수가 합이 되는 두 수를 찾아 ◯ 또는 ▭를 그리시오.

31+3=34

| 34 | 31 | 3 |
| | 4 | 32 |

❷ 28

| 21 | 6 |
| 5 | 23 |

❹ 97

| 94 | 5 |
| 2 | 92 |

❻ 36

| 31 | 5 |
| 4 | 30 |

❽ 89

| 86 | 2 |
| 4 | 85 |

❶ 76
70+6=76
| 70 | 2 |
| 6 | 73 |

❸ 59

| 51 | 8 |
| 7 | 50 |

❺ 83
| 80 | 2 |
| 3 | 82 |

❼ 45
| 42 | 4 |
| 5 | 41 |

❾ 77
| 74 | 3 |
| 5 | 71 |

● 안의 수가 합이 되는 두 수를 찾아 ◯ 또는 ▭를 그리시오.

❖ 78
74+4=78
| 5 | 71 | 6 |
| 5 | 74 | 4 | 73 |

❶ 66
| 62 | 5 | 60 |
| 3 | 61 | 7 |

❷ 99
| 94 | 4 | 95 |
| 2 | 92 | 3 |

❸ 47
| 45 | 2 | 46 |
| 1 | 43 | 3 |

❹ 39
| 8 | 30 | 6 |
| 31 | 5 | 32 |

❺ 84
| 80 | 1 | 82 |
| 2 | 81 | 3 |

❻ 54
| 5 | 50 | 3 |
| 52 | 6 | 51 |

❼ 73
| 71 | 4 | 70 |
| 1 | 72 | 2 |

❽ 66
| 5 | 61 | 3 |
| 60 | 7 | 62 |

❾ 25
| 24 | 3 | 23 |
| 1 | 20 | 4 |

P. 14 · P. 15

① 주차

356 숫자 카드 세로셈

● 주어진 숫자 카드를 모두 사용하여 덧셈식을 완성하시오.

일의 자리 수끼리의 덧셈에서 두 수를 바꾸어도 계산 결과가 같으므로 두 수를 바꾸어 써도 정답입니다.

● 주어진 숫자 카드를 모두 사용하여 덧셈식을 만드시오.

잘 공부했는지 알아봅시다

월 일

1 그림을 보고 □ 안에 알맞은 수를 써넣으시오.

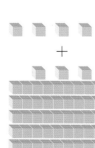

$$
\begin{array}{r}
5\ 4 \\
+\ \boxed{5} \\
\hline
5\ 9
\end{array}
\qquad
\begin{array}{r}
\boxed{5} \\
+\ 5\ 4 \\
\hline
5\ 9
\end{array}
$$

2 계산에 맞게 선을 그으시오.

❶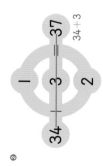

$61 + 7 = 68$

❷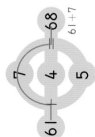

$34 + 3 = 37$

3 ● 안의 수가 합이 되는 두 수를 찾아 □ 또는 를 그리시오.

78

73	4	72
2	75	3

$75 + 3 = 78$

16

① 주차

357   이층 덧셈

● 빈칸에 알맞은 수를 써넣으시오.

+2	31	74	27	46
	33	76	29	48

31+2 74+2 27+2 46+2

①
+3	44	25	80	34
	47	28	83	37

44+3 25+3 80+3 34+3

②
+1	18	86	94	71
	19	87	95	72

③
+4	32	45	63	23
	36	49	67	27

④
+5	72	42	13	90
	77	47	18	95

⑤
+2	45	30	27	15
	47	32	29	17

⑥
+6	41	63	71	52
	47	69	77	58

⑦
+7	32	31	40	72
	39	38	47	79

⑧
+3	50	35	91	84
	53	38	94	87

⑨
+4	25	43	72	63
	29	47	76	67

18

● 빈칸에 알맞은 수를 써넣으시오.

+1	23	33	91	87
	24	34	92	88

23+1   91+1 87+1

33+◯=34이므로
◯안의 수는 1입니다.

30+◯=35이므로
◯안의 수는 5입니다.

①
+5	14	30	81	63
	19	35	86	68

14+5   81+5 63+5

②
+3	32	82	44	90
	35	85	47	93

③
+4	43	72	61	24
	47	76	65	28

④
+6	42	72	53	61
	48	78	59	67

⑤
+2	34	81	54	62
	36	83	56	64

⑥
+5	42	21	73	94
	47	26	78	99

⑦
+7	41	20	31	72
	48	27	38	79

⑧
+8	20	61	80	41
	28	69	88	49

⑨
+3	26	36	86	50
	29	39	89	53

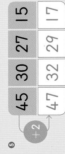

월 일

358 바람개비

● 가로, 세로로 두 수의 합을 빈칸에 써넣으시오.

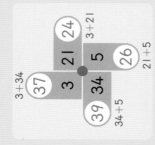

❶

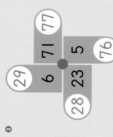

❸

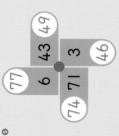

❺

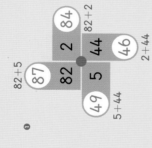

❷

❹

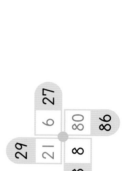

2+44는 44+2와 같습니다. 더하는 수가 한 자리 수일 때의 계산이 더 편한 경우 두 수를 바꾸어 더하면 됩니다.

바람개비 연산은 오른쪽 또는 왼쪽 한 방향으로 돌아가며 수를 구합니다.

❶

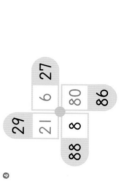

❸

❺

❷

❹

별집셈

359

● 별집 안 두 수의 합을 빈칸에 써넣으시오.

연결된 두 별집 안의 수의 합을 구합니다.

1+55

3+26 29 56 75 4+71

 31 26 55 71

3 1 4

31+3 34 27 59 55+4

26+1

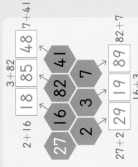

3+82

2+16 18 85 48 7+41

27 16 82 41

2 3 7

27+2 29 19 89 82+7

16+3

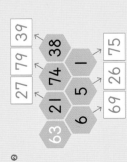

2 ❷
27 79 39
63 21 74 38
6 5 1
69 26 75

❸
45 16 88
57 43 12 81
2 4 7
59 47 19

❹
88 93 35
22 83 90 31
5 3 4
27 86 94

❺
78 62 39
46 75 60 31
3 2 8
49 77 68

● 별집 안 두 수의 합에 맞게 알맞은 수를 아래 빈칸에 써넣으시오.

별집 안의 세 수부터 구합니다.

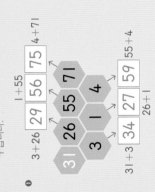

2+51

3+44 47 53 89 5+84

24 44 51 84

3 2 5

24+3=27 27 46 56 51+5=56

44+2=46

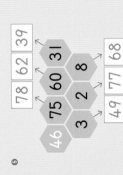

7+802+57

3+72 75 87 59

45 72 80 57

3 7 2

48 79 82

72+7=79 80+2=82

❶

❷
55 39 48
76 52 33 44
3 6 4
79 58 37

❸
94 39 27
54 90 31 26
4 8 1
58 98 32

❹
29 16 95
31 25 15 92
4 1 3
35 26 18

❺
47 63 99
33 42 61 95
5 2 4
38 44 65

360 매트릭스

● 가로, 세로로 두 수씩 더하여 빈칸에 알맞은 수를 써넣으시오.

3+64는 64+3과 같습니다. 더하는 수가 한 자리 수일 때의 계산이 더 편한 경우 두 수를 바꾸어 더하면 쉽습니다.

● 빈칸에 알맞은 수를 써넣으시오.

① 2 + 15 = 17
② 4 + 15 = 19
③ 22 + 4 = 26
④ 5 + 22 = 27
⑤ 74 + 5 = 79
⑥ 74 + 2 = 76

② 주차

잘 공부했는지 알아봅시다

월   일

1 빈칸에 알맞은 수를 써넣으시오.

62	35	74	20	43
66	39	78	24	47

62+4 35+4 74+4 20+4 43+4

2 벌집 안 두 수의 합을 빈칸에 써넣으시오.

57+2

16+3 19 59 84 83+1

| 91 | 16 | 57 | 83 |
| 3 | 2 | 1 |

94 18 58 57+1

91+3   16+2

3 가로, 세로로 두 수씩 더한 합을 이용하여 빈칸에 알맞은 수를 써넣으시오.

❶

④71	③1	72
②63	①5	68
⑥4	34	⑤38
75	64	39	+

① 5+34=39   ④ 71+1=72
② 63+5=68   ⑤ 71+4=75
③ 1+63=64   ⑥ 4+34=38

❷

①14	19
82	②3	85
⑤32	④7	39
37	89	17	+

① 5+14=19   ④ 82+7=89
② 14+3=17   ⑤ 32+7=39
③ 82+3=85   ⑥ 5+32=37

26

361 동전 모형 덧셈

● 그림을 보고 □ 안에 알맞은 수를 써넣으시오.

받아올림이 없는
(두 자리 수)+(두 자리 수)
의 계산은 십의 자리끼리의
계산은 십의 자리에, 일의
자리끼리의 계산은 일의 자
리에 적습니다.

```
    4 3
  + 3 5
    7 8
```

```
    5 1
  + 1 8
    6 9
```

```
    4 2
  + 4 6
    8 8
```

● 세로셈으로 고쳐 계산하시오.

더하는 두 수를 바꾸어 세로셈을
만들어도 정답입니다.

24 + 15 = 39
```
    2 4
  + 1 5
    3 9
```

① 35 + 24 = 59
```
    3 5
  + 2 4
    5 9
```

② 71 + 18 = 89
```
    7 1
  + 1 8
    8 9
```

③ 32 + 56 = 88
```
    3 2
  + 5 6
    8 8
```

④ 22 + 64 = 86
```
    2 2
  + 6 4
    8 6
```

⑤ 82 + 17 = 99
```
    8 2
  + 1 7
    9 9
```

⑥ 33 + 24 = 57
```
    3 3
  + 2 4
    5 7
```

⑦ 11 + 62 = 73
```
    1 1
  + 6 2
    7 3
```

⑧ 54 + 14 = 68
```
    5 4
  + 1 4
    6 8
```

월 일

③ 주차

362 짝꿍셈

● 선으로 이어진 두 수의 합을 구하시오.

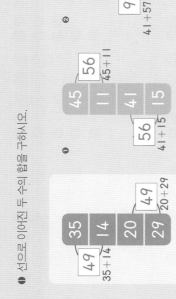

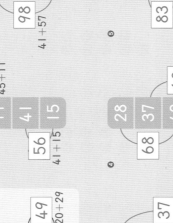

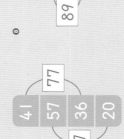

월 일

● 합이 같도록 두 수를 선으로 잇고, 합을 쓰시오.

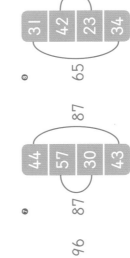

두 수를 연결한 선의 모양이 오른쪽과 왼쪽이 비례야도 됩니다. 가장 큰 수와 가장 작은 수를 잇습니다.

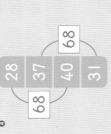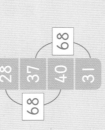

과녁셈

363

● 화살이 꽂힌 부분의 수의 합을 가운데 ○ 안에 써넣으시오.

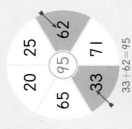

33 + 62 = 95

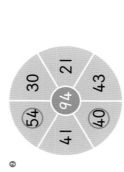 

37 + 41 = 78

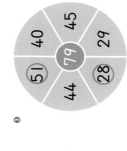

● 수의 합이 가운데 수가 되도록 두 수를 골라 ○표 하시오.

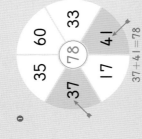

22 + 32 = 54

십의 자리 수끼리
의 합이 60이 되는
두 수를 찾은 다음
계산하여 합이 68
이 되는 두 수를 찾
습니다.

26 + 43 = 69
20 + 43 = 63
25 + 43 = 68

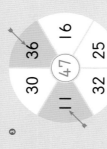

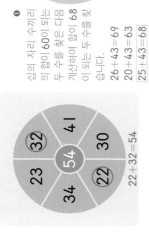

일의 자리 수끼리의 합이 5가
되는 두 수를 찾아봅니다.

③ 주차

사고셈 | 정답 및 해설

364 숫자 카드 벌레셈

● 숫자 카드를 모두 한 번씩 사용하여 덧셈식을 완성하시오.

```
    2 8        2 7
  + 5 1          1
    7 9
```

❷
```
    3 1        6 1
  + 6 7          8
    9 8
```

❹
```
    7 4        1 9
  + 2 1          7
    9 5
```

❻
```
    5 5        5 7
  + 3 2          3
    8 7
```

❶
```
    1 2        2 8
  + 7 4          7
    8 6
```

❸
```
    1 5        1 7
  + 4 2          2
    5 7
```

❺
```
    2 3        5 3
  + 5 3          6
    7 6
```

❼
```
    2 3        6 2
  + 4 6          9
    6 9
```

34

월 일

● 숫자 카드를 모두 한 번씩 사용하여 덧셈식을 완성하시오.

예시 답안 이외에도 십의 자리 숫자끼리, 일의
자리 숫자끼리 바꾸어 식을 완성할 수 있습니다.

예
```
    2 3        3 5
  + 4 5          2 4
    6 8
```
```
  4 3    2 5
+ 2 5  + 4 3
  6 8    6 8
```

❸
```
    1 6        1 4
  + 4 2          6 2
    5 8
```

❺
```
    7 5        1 2
  + 1 2          7 5
    8 7
```

❼
```
    6 2        1 3
  + 3 5          2 5
    9 7
```

예
```
    4 5        3 4
  + 3 1          5 1
    7 6
```
```
  3 5    3 1
+ 4 1  + 4 5
  7 6    7 6
```

❷
```
    1 2        2 4
  + 3 4          1 3
    4 6
```

❹
```
    2 4        1 4
  + 1 3          3 2
    3 7
```

❻
```
    3 1        3 1
  + 4 8          4 8
    7 9
```

잘 공부했는지 알아봅시다

월 일

1 그림을 보고 □ 안에 알맞은 수를 써넣으시오.

74 + 24 = 98

10원짜리 동전의 개수를 십의 자리에, 1원짜리 동전의 개수를 일의 자리에 씁니다.

2 다음 두 수의 합이 67이 되도록 □ 안에 알맞은 수를 써넣으시오.

5 3 □ 4

세로셈으로 식을 세워 계산하여 □ 안의 수를 구합니다.

3 두 수의 합이 가운데 수가 되도록 두 수를 골라 ○표 하시오.

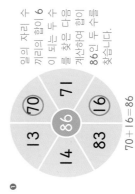

①

70+16=86

일의 자리 수끼리의 합이 6이 되는 두 수를 찾은 다음 계산하여 합이 86인 두 수를 찾습니다.

②

27+22=49

일의 자리 수끼리의 합이 9가 되는 두 수를 찾은 다음 계산하여 합이 49인 두 수를 찾습니다.

365 덧셈 상자

● 빈칸에 알맞은 수를 써넣으시오.

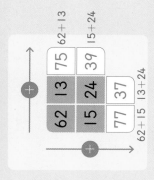

$62+13$ 62 13 75
$15+24$ 15 24 39
         77 37
$62+15$ $13+24$

❶
27 50 77 $27+50$
31 26 57 $31+26$
58 76
$27+31$ $50+26$

❷
45 23 68
40 16 56
85 39

❸
32 25 57
41 54 95
73 79

❹
51 36 87
47 22 69
98 58

❺
46 50 96
11 38 49
57 88

● 빈칸에 알맞은 수를 써넣으시오.

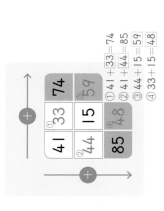

41 ①$33$ 74
②$44$ 15 ③$59$
85 ④$48$

① $41+33=74$
② $41+44=85$
③ $44+15=59$
④ $33+15=48$

❶
②$21$ ③$53$ ④$74$
①$26$ 32 58
47 85

① $26+32=58$
② $21+26=47$
③ $53+32=85$
④ $21+53=74$

❷

25 42 67
64 30 94
89 72

❸
43 11 54
24 31 55
67 42

❹

37 12 49
21 57 78
58 69

❺

63 25 88
36 52 88
99 77

수 카드 중 세 장을 사용하여 식을 완성하시오.

앞의 두 수를 바구니에 써도 정답입니다.

응 42 57 32 / 92 15

$42 + 15 = 57$
$15 + 42 = 57$

① 81 70 93 / 22 12

$81 + 12 = 93$
$12 + 81 = 93$

② 20 63 15 / 83 21

$20 + 63 = 83$
$63 + 20 = 83$

③ 74 43 40 / 82 31

$43 + 31 = 74$
$31 + 43 = 74$

④ 45 30 98 / 53 43

$45 + 53 = 98$
$53 + 45 = 98$

⑤ 21 30 65 / 25 44

$21 + 44 = 65$
$44 + 21 = 65$

수 카드 중 두 장을 사용하여 식을 완성하시오.

두 수를 바꾸어 써도 정답입니다.

응 14 13 31 20

$13 + 31 = 44$

일의 자리 수끼리의 합이 4가 되는 두 수를 찾아봅니다.

① 51 15 23 44

$23 + 44 = 67$

일의 자리 수끼리의 합이 7이 되는 두 수를 찾아봅니다.

② 32 43 33 41

$32 + 43 = 75$

③ 24 40 35 18

$24 + 35 = 59$

④ 23 16 13 10

$23 + 13 = 36$

⑤ 54 21 11 65

$11 + 65 = 76$

⑥ 13 23 32 25

$13 + 32 = 45$

⑦ 50 43 55 41

$43 + 55 = 98$

④ 주차

367 모양셈

● 같은 모양은 같은 수, 다른 모양은 다른 수입니다. 빈칸을 채우시오.

$5 + 5 = 10$
$10 + 10 = 20$
$20 + 20 = 40$

❶
$6 + 6 = 12$
$12 + 12 = 24$
$24 + 24 = 48$

❷
$10 + 10 = 20$
$20 + 10 = 30$
$30 + 40 = 70$

❸
$20 + 20 = 40$
$15 + 20 = 35$
$35 + 10 = 45$

❹
$11 + 11 = 22$
$11 + 30 = 41$
$30 + 52 = 82$

❺
$12 + 12 = 24$
$12 + 21 = 33$
$21 + 35 = 56$

♣ + ♣ = ◼ 에서 ◼ 는 ♣ 가 나타내는 수를 ◻ 안에 써넣으시오.
같은 수를 두 번 더한 값이므로 ▲ 는 ◼ 의 반입니다.

$♣_{22} + ♣_{22} = ◼_{44}$
$♣_{22} + ♣_{22} = ◼_{44}$
$♠_{44} + ♠_{44} = ◆_{88}$ = 88

❶
$10 + 10 = ♣_{20}$
$♣_{20} + ♣_{20} = ♠_{40}$
$♣_{20} + ♠_{40} = ◆_{60}$ = 60

❷
$♣_{13} + ♣_{13} = 26$
$♣_{13} + ♣_{13} = ♠_{24}$
$♠_{24} + 32 = ◆_{56}$ = 56

❸
$♣_{30} + ♣_{30} = 60$
$12 + ♣_{30} = ♠_{42}$
$♣_{30} + ♠_{42} = ◆_{72}$ = 72

❹
$♣_{12} + ♣_{12} = 24$
$♣_{12} + ♠_{21} = 33$
$♠_{21} + ◆_{42} = 63$ = 42

❺
$♣_{21} + ♣_{21} = 42$
$♣_{21} + ♠_{34} = 55$
$♠_{34} + ◆_{65} = 99$ = 65

368 막대셈

● 빈칸에 알맞은 수를 써넣으시오.

위 두 수의 합을 □ 안에 씁니다.

13	24
37	

13+24

① 62 | 30 → 92   62+30
③ 33 | 42 → 75
⑤ 15 | 52 → 67
⑦ 38 | 11 → 49
⑨ 32 | 51 → 83

② 42 | 56 → 98
④ 35 | 24 → 59
⑥ 31 | 13 → 44
⑧ 32 | 31 → 63

● 빈칸에 알맞은 수를 써넣으시오.

위 두 수의 합과 아래 두 수의 합이 같도록 만드는 □ 안의 수를 구합니다.

25+51=76
| 25 | 51 |
| 11 | 65 |
11+65=76

① 18 | 71
   69 | 20   18+71=89, 69+20=89
③ 40 | 27
   16 | 51
⑤ 57 | 12
   53 | 16
⑦ 84 | 12
   32 | 64
⑨ 31 | 24
   40 | 15

② 66 | 13
   54 | 25
④ 33 | 46
   20 | 59
⑥ 44 | 55
   77 | 22
⑧ 41 | 52
   22 | 71

④ 주차

잘 공부했는지 알아봅시다

월   일

1 빈칸에 알맞은 수를 써넣으시오.

❶

13	61	74	13+61
25	34	59	25+34
38	95		

13+25   61+34

❷

42	①36	78
②15	50	③65
57	④86	

① 42+36=78
② 42+15=57
③ 15+50=65
④ 36+50=86

2 수 카드 중 세 장을 사용하여 식을 완성하시오.

98	27
17	71
	61

$$27 + \boxed{71} = \boxed{98}$$

71 + 27 = 98

일의 자리 수끼리의 합이 8이
되는 두 수를 찾아봅니다.

3 같은 모양은 같은 수, 다른 모양은 다른 수입니다. ◆가 나타내는 수를 구하시오.

♣ + ♣ = 48
   24 24

♣ + ♠ = 57
   24 33

♠ + 12 = ◆
   33   45

45

46

369 수 모형 뺄셈

● 그림을 보고 □ 안에 알맞은 수를 써넣으시오.

4 7
− 3
4 4

①
3 7
− 5
3 2

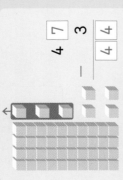

②
5 6
− 4
5 2

③
2 9
− 7
2 2

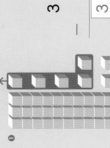

④
3 9
− 9
3 0

⑤
4 8
− 6
4 2

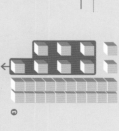

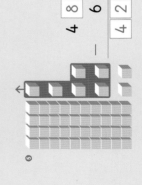

48

● □ 안에 알맞은 수를 써넣으시오.

8 5
− 3
8 2

①
3 6
− 4
3 2

②
6 7
− 4
6 3

③
9 9
− 4
9 5

④
5 5
− 4
5 1

⑤
7 8
− 3
7 5

⑥
7 8
− 2
7 6

⑦
2 7
− 4
2 3

⑧
5 9
− 7
5 2

⑨
3 6
− 3
3 3

⑩
9 8
− 7
9 1

⑩
4 5
− 2
4 3

월   일

P. 50 ● P. 51

⑤ 주차

370 양과녁셈

● 왼쪽 과녁판의 점수에서 오른쪽 과녁판의 점수를 뺍니다. 점수를 구하시오.

62
67-5

94

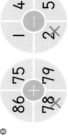

86

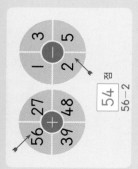

54
56-2

30

55

월 일

✚ 점수에 맞게 화살이 꽂힐 자리 두 곳에 X표 하시오.

53
56-3

일의 자리 수끼리의 차가 3이 되는
두 수를 찾아봅니다.

64
67-3

76
78-2

42
47-5

일의 자리 수끼리의 차가 2가 되는
두 수를 찾아봅니다.

81
87-6

25
29-4

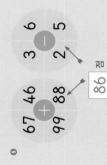

371 　하우스

● 뺄셈을 하여 빈칸에 알맞은 수를 써넣으시오.

−3
14	11	14−3
26	23	26−3
48	45	48−3

일의 자리 숫자가 3 작아집니다.

❶ **−1**
22	21	22−1
37	36	37−1
73	72	73−1

일의 자리 숫자가 1 작아집니다.

❷ **−7**
87	80	87−7
68	61	68−7
29	22	29−7

일의 자리 숫자가 7 작아집니다.

❸ **−2**
36	34
99	97
45	43

❹ **−5**
15	10
87	82
36	31

❺ **−4**
79	75
56	52
34	30

❻ **−8**
28	20
49	41
79	71

❼ **−6**
57	51
68	62
96	90

❽ **−3**
17	14
85	82
46	43

⬥ 빈칸에 알맞은 수를 써넣으시오.

먼저 ○ 안의 수를 구합니다.

−2
53	51	53−2
19	17
79	77

79−2=77
19−○=17이므로
○ 안의 수는 2입니다.

❶ **−4**
39	35
48	44	48−4
87	83	87−4

39−○=35이므로
○ 안의 수는 4입니다.

❷ **−7**
47	40	47−7
78	71
69	62	69−7

78−○=71이므로
○ 안의 수는 7입니다.

❸ **−6**
99	93
27	21
46	40

❹ **−8**
88	80
59	51
29	21

❺ **−5**
17	12
48	43
97	92

❻ **−1**
96	95
79	78
32	31

❼ **−3**
58	55
89	86
14	11

❽ **−2**
76	74
37	35
48	46

372 큰 차 만들기

● 숫자 카드를 모두 한 번씩 사용하여 뺄셈식을 완성하시오.

| 5 | 3 | 9 |

$$9\,5 - 3 = 92$$

① 8 7 2

$$8\,7 - 2 = 85$$

② 7 9 1

$$9\,7 - 1 = 96$$

③ 2 5 6

$$6\,5 - 2 = 63$$

④ 8 2 7

$$8\,7 - 2 = 85$$

⑤ 1 6 9

$$9\,6 - 1 = 95$$

⑥ 6 3 7

$$7\,6 - 3 = 73$$

⑦ 3 4 2

$$4\,3 - 2 = 41$$

월　　일

● 숫자 카드 중에서 두 장을 골라 가장 큰 두 자리 수를 만들고, 나머지 한 장의 카드로 한 자리 수를 만들 때, 만든 두 수의 차를 구하시오.

가장 큰 차를 만들 때에 는 가장 큰 두 자리 수에 서 가장 작은 한 자리 수 를 빼면 됩니다.

| 4 | 6 | 3 |

두 수 : 64, 3

두 수의 차 : 64 − 3 = 61

① 8 4 5

두 수 : 85, 4

두 수의 차 : 85 − 4 = 81

② 7 4 1

두 수 : 74, 1

두 수의 차 : 74 − 1 = 73

③ 2 9 5

두 수 : 95, 2

두 수의 차 : 95 − 2 = 93

④ 6 3 9

두 수 : 96, 3

두 수의 차 : 96 − 3 = 93

⑤ 6 5 4

두 수 : 65, 4

두 수의 차 : 65 − 4 = 61

잘 공부했는지 알아봅시다

월 일

1 그림을 보고 □ 안에 알맞은 수를 써넣으시오.

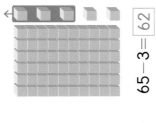

65 − 3 = 62

2 숫자 카드를 한 장씩 모두 사용하여 차가 가장 큰 뺄셈식을 만드시오.

① 8 4 1

8 4 − 1 = 83

가장 큰 차는 가장 큰 두 자리 수에서 가장 작은 한 자리 수를 빼면 됩니다.

②  2 9 7

9 7 − 2 = 95

3 왼쪽 파녹편의 점수에서 오른쪽 파녹편의 점수를 뺍니다. 점수에 맞게 회설이 못 될 자리 두 곳에 ×표 하시오.

42 점

45 − 3 = 42

일의 자리 수끼리의 차가 2가 되는 두 수를 찾습니다.

56

❻ 주차

P. 58 ● P. 59

월 일

373 동전 모형 뺄셈

□ 안에 알맞은 수를 써넣으시오.

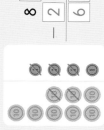

❶
7 7
− 4 2
3 5

❷
8 9
− 5 4
3 5

❸
9 4
− 3 1
6 3

❹
8 4
− 2 3
6 1

❺
6 8
− 1 5
5 3

❻
5 6
− 1 4
4 2

● 세로셈으로 고쳐 계산하시오.

❶ 44−22=22

4 4
− 2 2
2 2

❷ 85−61=24
8 5
− 6 1
2 4

❸ 98−55=43
9 8
− 5 5
4 3

❹ 37−11=26
3 7
− 1 1
2 6

❺ 48−24=24
4 8
− 2 4
2 4

❻ 56−13=43
5 6
− 1 3
4 3

❼ 39−15=24
3 9
− 1 5
2 4

❽ 59−37=22
5 9
− 3 7
2 2

❾ 69−26=43
6 9
− 2 6
4 3

374 토너먼트셈

● 두 수의 차를 구하여 빈칸에 써넣으시오.

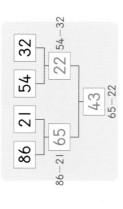
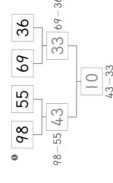
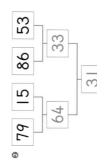
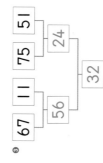
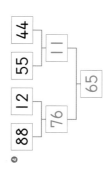
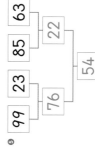

◆ 아래의 수는 작지은 위 두 수의 차입니다. 빈칸에 알맞은 수를 써넣으시오.

월 일

❻ 주차

375 잎새 따기

● 계산 결과가 ● 안의 수와 다른 것을 찾아 /로 잎새를 따시오.

월 일

● 계산 결과가 다른 하나를 찾아 /로 잎새를 따시오.

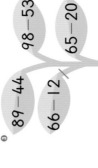
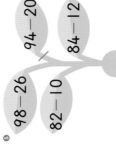
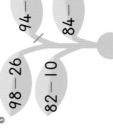

376 숫자 카드 목표수

● 숫자 카드를 한 번씩 사용하여 뺄셈식을 완성하시오.

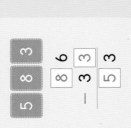

● 숫자 카드를 한 번씩 사용하여 여러 가지 뺄셈식을 완성하시오.

잘 공부했는지 알아봅시다

월 일

1 그림을 보고 □ 안에 알맞은 수를 써넣으시오.

78 − 5 3 = 2 5

2 아래의 수는 위 두 수의 차입니다. 빈칸에 알맞은 수를 써넣으시오.

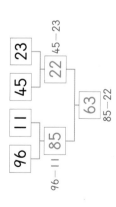

| 96 | 11 | 45 | 23 |

96−11 → 85
45−23 → 22
85−22 → 63

3 숫자 카드를 한 번씩 사용하여 뺄셈식을 완성하시오.

5 8 2 7
5 8 2 7

```
  8 7        5 8        7 8
- 2 5      - 2 7      - 5 2
-----      -----      -----
  6 2        3 1        2 6
```

원판셈

377

월 일

● 안쪽 수에서 바깥쪽 수를 빼어 빈칸에 알맞은 수를 써넣으시오.

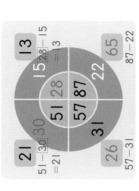

63
88-25=25
88 92
87 75
31 92-31 61
52
43 23 75-52
44 87-43

● 빈칸에 알맞은 수를 써넣으시오.

13
15 28-15 =3
51 28
57 87
30 22
51-30 21 =21
31 65 87-22
26 57-31

42
12 54-12 =42
32 54
63 25
10 15
22 32-10 =22
41 10 25-15
22 63-41

34
32
73 66
94 77
56 21
33 40 12
82

11
27
96 38
78 85
21
43 53 34
44 64

● 80
99-19=19
99 52
89 48
11 24
55 34 24 48-24
41 52-11
89-34

40
23
63 77
78 65
42 25
53 25 40
35

11
87
98 76
71 98
51 25
51 20 34
64

58
30
88 72
35 68
31 37
10 25 41
56

42
31
73 95
97 62
11 84
41 30 32
56

20
17
67 37
86 46
15 31
45 22 23
63

60
16
52 76
69 49
18 31
12 40 55
14

7 주차

계단셈

378

● 빈칸에 알맞은 수를 써넣으시오.

78 −12→ 66 (78−12) −25→ 41 (66−25)

② 98 −13→ 85 −35→ 50

④ 65 −21→ 44 −13→ 31

⑥ 89 −26→ 63 −50→ 13

① 67 −11→ 56 (67−11) −23→ 33 (56−23)

③ 88 −37→ 51 −20→ 31

⑤ 77 −32→ 45 −23→ 22

⑦ 59 −14→ 45 −21→ 24

● 빈칸에 알맞은 수를 써넣으시오.

69 ②69−17=52 −17→ 52 ①52−21=31 −21→ 31

② 99 −12→ 87 −65→ 22

④ 58 −10→ 48 −27→ 21

⑥ 87 −32→ 55 −25→ 30

① 86 ②86−12=74 −12→ 74 ①74−51=23 −51→ 23

③ 78 −31→ 47 −16→ 31

⑤ 96 −15→ 81 −11→ 70

⑦ 97 −40→ 57 −24→ 33

뺄셈표

● 뺄셈표의 빈칸에 알맞은 수를 써넣으시오.

-	15	34	41
56	41	22	15
67	52	33	26

❶
-	20	23	36
48	28	25	12
76	56	53	40

❷
-	23	26	14
37	14	11	23
89	66	63	75

❸
-	32	43	57
68	36	25	11
79	47	36	22

❹
-	51	60	73
78	27	18	5
85	34	25	12
94	43	34	21

❺
-	16	20	35
49	33	29	14
56	40	36	21
67	51	47	32

월 일

● 뺄셈표의 빈칸에 알맞은 수를 써넣으시오.

58 - 25 = 33

-	13	25	33
45	32	20	12
58	45	33	25

순서를 생각하여 해결합니다.
가로줄, 세로줄의 수부터 구합니다.

① 64 - 51 = 13
② 64 - 40 = 24
③ 88 - 62 = 26

나머지는 세로줄의 수에서 가로줄의 수를 빼서 구합니다.

❶
-	40	51	62
64	24	13	2
88	48	37	26

❷
-	10	44	25
58	48	14	33
76	66	32	51

❸
-	20	36	44
46	26	10	2
98	78	62	54

❹
-	30	25	11
45	15	20	34
58	28	33	47
65	35	40	54

❺
-	50	61	22
74	24	13	52
83	33	22	61
95	45	34	73

380 벌레셈 문장제

● 벌레셈의 □ 안에 알맞은 수를 써넣으시오.

$$\begin{array}{r} 7\ \boxed{6} \\ -\ \boxed{1}\ 5 \\ \hline 6\ 1 \end{array}$$

①
$$\begin{array}{r} 9\ \boxed{7} \\ -\ 3\ \boxed{4} \\ \hline 6\ 3 \end{array}$$

②
$$\begin{array}{r} 5\ 6 \\ -\ \boxed{1}\ \boxed{2} \\ \hline 4\ 4 \end{array}$$

③
$$\begin{array}{r} 7\ \boxed{9} \\ -\ 3\ \boxed{5} \\ \hline 4\ 4 \end{array}$$

④
$$\begin{array}{r} 9\ \boxed{3} \\ -\ 4\ \boxed{2} \\ \hline 5\ 1 \end{array}$$

⑤
$$\begin{array}{r} 6\ 7 \\ -\ \boxed{2}\ \boxed{6} \\ \hline 4\ 1 \end{array}$$

⑥
$$\begin{array}{r} 7\ \boxed{4} \\ -\ 3\ \boxed{2} \\ \hline 4\ 2 \end{array}$$

⑦
$$\begin{array}{r} 7\ \boxed{7} \\ -\ 2\ \boxed{4} \\ \hline 5\ 3 \end{array}$$

⑧
$$\begin{array}{r} 9\ 9 \\ -\ \boxed{7}\ \boxed{5} \\ \hline 2\ 4 \end{array}$$

⑨
$$\begin{array}{r} 8\ \boxed{4} \\ -\ 3\ \boxed{2} \\ \hline 5\ 2 \end{array}$$

⑩
$$\begin{array}{r} 7\ \boxed{9} \\ -\ \boxed{5}\ 3 \\ \hline 2\ 6 \end{array}$$

⑪
$$\begin{array}{r} 6\ 8 \\ -\ \boxed{1}\ \boxed{5} \\ \hline 5\ 3 \end{array}$$

월 일

● 벌레셈을 세우고 두 수를 구하시오.

◆ 일의 자리 숫자가 7인 두 자리 수와 십의 자리 숫자가 3인 두 자리 수의 차가 61입니다.

$$\begin{array}{r} 9\ \boxed{7} \\ -\ 3\ \boxed{6} \\ \hline 6\ 1 \end{array}$$
97, 36

① 십의 자리 숫자가 3인 두 자리 수에서 일의 자리 숫자가 5인 두 자리 수를 뺐더니 13이 되었습니다.

$$\begin{array}{r} 3\ \boxed{\ } \\ -\ \boxed{\ }\ 5 \\ \hline 1\ 3 \end{array}$$
38, 25

② 일의 자리 숫자가 4인 두 자리 수에서 십의 자리 숫자가 2인 두 자리 수를 뺐더니 32가 되었습니다.

$$\begin{array}{r} \boxed{\ }\ 4 \\ -\ 2\ \boxed{\ } \\ \hline 3\ 2 \end{array}$$
54, 22

③ 십의 자리 숫자가 7인 두 자리 수에서 일의 자리 숫자가 1인 두 자리 수를 뺐더니 48이 되었습니다.

$$\begin{array}{r} 7\ \boxed{\ } \\ -\ \boxed{\ }\ 1 \\ \hline 4\ 8 \end{array}$$
79, 31

7 주차

잘 공부했는지 알아봅시다

월 일

1 뺄셈표의 빈칸에 알맞은 수를 써넣으시오.

−	12	26	37
49	37	23	12
97	85	71	60

49−26=23

2 빈칸에 알맞은 수를 써넣으시오.

①
87−14   73−31

87 →(−14) 73 →(−31) 42

②
②69−40=29   ①29−12=17

②69 →①(−40) ①29 →(−12) 17

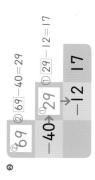

3 뺄셈식을 세우고 두 수를 구하시오.

십의 자리 숫자가 7인 두 자리 수에서
일의 자리 숫자가 3인 두 자리 수를 뺐더니 13이 되었습니다.

```
  7 □
− □ 3
  1 3
```

76, 63

⑧ 주차

관계셈

381

● 덧셈식을 보고 뺄셈식을 두 개 만드시오.

① 17+22=39 → 39-17=22 / 39-22=17

② 61+34=95 → 95-34=61 / 95-61=34

③ 43+25=68 → 68-25=43 / 68-43=25

④ 72+17=89 → 89-17=72 / 89-72=17

● 뺄셈식을 보고 덧셈식을 두 개 만드시오.

⑤ 56-13=43 → 13+43=56 / 43+13=56

⑥ 89-26=63 → 26+63=89 / 63+26=89

⑦ 47-25=22 → 25+22=47 / 22+25=47

⑧ 98-68=30 → 68+30=98 / 30+68=98

부분 ①과 부분 ②를 더해 전체가 되는 덧셈식은 전체에서 부분 ①을 빼면 부분 ②가 남는 뺄셈, 부분 ②를 빼면 부분 ①이 남는 뺄셈식을 만들 수 있습니다. 다. 역으로 뺄셈식으로 덧셈식 두 개를 만들 수 있습니다.

● 주어진 수를 사용하여 덧셈식과 뺄셈식을 각각 두 개씩 만드시오.

11 27 38
11+27=38 → 38-27=11
27+11=38 → 38-11=27

① 16 23 39
16+23=39 → 39-16=23
23+16=39 → 39-23=16

② 35 31 66
35+31=66 → 66-35=31
31+35=66 → 66-31=35

③ 27 62 89
27+62=89 → 89-27=62
62+27=89 → 89-62=27

④ 20 75 95
20+75=95 → 95-20=75
75+20=95 → 95-75=20

월 일

382 대소셈

● ○ 안에 >, =, <를 알맞게 써넣으시오.

44+20 (>) 61
64

① 48-10 (=) 38
38

② 32-12 (>) 19

③ 42+13 (=) 55

④ 27+11 (>) 36

⑤ 43-20 (<) 26

⑥ 46-31 (<) 16

⑦ 39+30 (>) 68

⑧ 41+45 (=) 86

⑨ 75-53 (<) 24

⑩ 65-53 (<) 14

⑪ 33+66 (=) 99

⑫ 35+23 (>) 49

⑬ 47-25 (>) 21

● ○ 안에 >, =, <를 알맞게 써넣으시오.

58-12 (=) 35+11
46   46

① 22+42 (>) 89-31
64   58

② 36+20 (<) 78-21

③ 98-30 (<) 50+19

④ 74-24 (>) 27+22

⑤ 32+14 (=) 77-31

⑥ 14+15 (<) 43-12

⑦ 75-20 (>) 31+23

⑧ 96-24 (<) 43+30

⑨ 28+11 (=) 49-10

⑩ 76-21 (>) 23+26

⑪ 27+61 (=) 99-11

⑫ 33+41 (>) 98-25

⑬ 87-12 (>) 35+30

⑧ 주차

383 합차 두 수

● 두 수의 합과 차를 빈칸에 써넣으시오.

● 합 53 21 차
74 53+21   32 53-21

② 78 [합] 57 21 [차] 36

④ 43 [합] 23 20 [차] 3

⑥ 88 [합] 56 32 [차] 24

⑧ 98 [합] 84 14 [차] 70

⑩ 86 [합] 53 33 [차] 20

① 45 [합] 35 10 [차] 25
35+10   35-10

③ 59 [합] 46 13 [차] 33

⑤ 84 [합] 63 21 [차] 42

⑦ 57 [합] 37 20 [차] 17

⑨ 74 [합] 63 11 [차] 52

⑪ 73 [합] 43 30 [차] 13

● 합과 차에 맞게 두 수를 구하여 큰 수부터 차례로 써넣으시오.

49 [합] 37 12 [차] 25
합이 49인 두 수 중에서
차가 25인 두 수를 찾습니다.

① 65 [합] 44 21 [차] 23
합이 65인 두 수 중에서 차가 23
인 두 수를 찾습니다.

② 22 [합] 12 10 [차] 2

③ 47 [합] 34 13 [차] 21

④ 98 [합] 58 40 [차] 18

⑤ 84 [합] 43 41 [차] 2

⑥ 67 [합] 55 12 [차] 43

⑦ 92 [합] 62 30 [차] 32

⑧ 27 [합] 14 13 [차] 1

⑨ 38 [합] 25 13 [차] 12

⑩ 72 [합] 41 31 [차] 10

⑪ 54 [합] 43 11 [차] 32

384 숫자 카드 조건

● 숫자 카드를 사용하여 조건에 맞는 식을 만드시오.

❶ 조건: 만들 수 있는 두 자리 수 중 가장 큰 수와 가장 작은 수의 합

| 2 | 4 |
| 1 | 3 | 5 |

$$5\ 4$$
$$+\ 1\ 2$$
$$\overline{\ 6\ 6}$$

❷ 조건: 만들 수 있는 두 자리 수 중 가장 큰 수와 가장 작은 수의 차

| 2 | 5 |
| 7 | 4 |
| 8 |

$$8\ 7$$
$$-\ 2\ 4$$
$$\overline{\ 6\ 3}$$

● 숫자 카드를 사용하여 조건에 맞는 식을 세우고, 답을 구하시오.

숫자 카드로 만들 수 있는 가장 큰 두 자리 수는 십의 자리에 가장 큰 숫자, 일의 자리에 두 번째로 큰 숫자가 오면 됩니다. 가장 작은 두 자리 수는 십의 자리에 가장 작은 숫자, 일의 자리에 두 번째로 작은 숫자가 오면 됩니다. 단, 십의 자리에는 0이 올 수 없음에 주의합니다.

❶ 조건: 일의 자리 숫자가 4인 가장 큰 수와 십의 자리 숫자가 2인 가장 작은 수의 합

| 1 | 6 | 7 | 4 | 2 |

74+21=95, 95

❷ 조건: 십의 자리 숫자가 7인 가장 큰 수와 십의 자리 숫자가 4인 가장 작은 수의 차

| 1 | 6 | 7 | 4 | 9 |

79-41=38, 38

❸ 조건: 일의 자리 숫자가 4인 가장 큰 수와 십의 자리 숫자가 3인 가장 작은 수의 차

| 2 | 4 | 3 | 5 | 8 |

84-32=52, 52

조건: 십의 자리 숫자가 3인 가장 큰 수와 십의 자리 숫자가 5인 가장 작은 수의 합

| 3 | 5 | 1 | 6 | 2 |

36+51=87, 87

잘 공부했는지 알아봅시다

1 덧셈식을 보고 뺄셈식을 두 개 만드시오.

21+32=53

53-21=32

53-32=21

부분 ①과 부분 ②를 더해 전체가 되는 덧셈식은 전체에서 부분 ①을 빼면 부분 ②가 남는 뺄셈식, 부분 ②를 빼면 부분 ①이 남는 뺄셈식 두 가지를 만들 수 있습니다.

2 계산 결과가 큰 것부터 차례로 기호를 쓰시오. ㄹ, ㄴ, ㄱ, ㄷ

㉠ 78-24=54   ㉡ 34+25=59

㉢ 70-20=50   ㉣ 26+41=67

3 ○ 안에 >, =, <를 알맞게 써넣으시오.

● 36+21 (>) 89-35
　　57　　　　54

● 61-20 (>) 10+30
　　41　　　　40

4 합과 차에 맞게 두 수를 구하여 큰 수부터 차례로 써넣으시오.

● 합 76 차 14 → 45 31

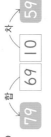

● 합 79 차 59 → 69 10

배운 개념을 끊임없이 되짚어주니까
새로운 개념도 쉽게 이해됩니다

수학 개념이 쉽고 빠르게 소화되는 특별한 학습법

· 배운 개념과 배울 개념을 연결하여 소화가 쉬워지는 학습
· 문제의 핵심 용어를 짚어주어 소화가 빨라지는 학습
· 개념북에서 익히고 워크북에서 1:1로 확인하여 완벽하게 소화하는 학습

NE능률의 모든 교재가 한 곳에 - 엔이 북스

NE_Books

www.nebooks.co.kr ▼

NE능률의 유초등 교재부터 중고생 참고서,
토익·토플 수험서와 일반 영어까지!
PC는 물론 태블릿 PC, 스마트폰으로 언제 어디서나
NE능률의 교재와 다양한 학습 자료를 만나보세요.

✓ 필요한 부가 학습 자료 바로 찾기
✓ 주요 인기 교재들을 한눈에 확인
✓ 나에게 딱 맞는 교재를 찾아주는 스마트 검색
✓ 함께 보면 좋은 교재와 다음 단계 교재 추천
✓ 회원 가입, 교재 후기 작성 등 사이트 활동 시 NE Point 적립

영어교과서   리딩튜터   능률보카   빠른독해 바른독해   수능만만   월등한 개념 수학   토마토TOEIC   토마토 클래스   NE 클래스
NE_Build & Grow   NE_Times   NE_Kids(굿잡,상상수프)   NE_능률 주니어랩   NE 매쓰펀

건강한
배움의 즐거움